Gelebte Dankbarkeit

Mary Jane Ryan

Gelebte Dankbarkeit

Glücksimpulse für jeden Tag

Aus dem Englischen
von Jochen Eggert

Integral

Die amerikanische Originalausgabe erschien 1999
unter dem Titel »Attitudes of Gratitude« im Verlag Conari Press, USA.

Der Integral Verlag ist ein Unternehmen der
Econ Ullstein List Verlag GmbH & Co.KG

ISBN 3-7787-9079-X

Gestaltung, Satz und Einband: Privatakademie Leonardo, Hamburg
Druck und Bindung: Offizin Andersen Nexö Leipzig, Zwenkau

Inhalt

Vorwort

von Sue Bender

Es ist wahr, dass ich bei der Entdeckung der Dankbarkeit Unterricht von einer Obdachlosen bekam.
Ich sah sie jeden Morgen in meinen Lieblingscafé. Sie sah stets sauber und ordentlich aus. Sie saß immer am gleichen Tisch und las und ich fragte mich manchmal, ob sie wohl kein Zuhause habe. Einmal kam sie zu mir herüber und fragte, ob ich ihr einen Stift ausleihen könne.
Um ein Gespräch in Gang zu bringen, sagte ich: »Wir mögen dieses Café offenbar beide. Was gefällt Ihnen hier besonders?«
»Das Licht«, sagte sie. »Es hat so etwas Aufmunterndes.«
Wie ich dann erfuhr, wohnte sie in einem Obdachlosenheim, das man morgens bis sieben Uhr verlassen musste. In diesem Café, sagte sie, fühle sie sich besonders wohl, weil man hier als Mensch behandelt werde. »Da weiß man wenigstens, dass man wirklich vorhanden ist. Manchmal, wenn ich kein Geld habe, bekomme ich den Kaffee umsonst.«
Dann fügte sie hinzu: »Ich träume davon, dass mein Leben

eines Tages wieder in Ordnung kommt und ich hier hereinspazieren kann, um mit den Worten ›Das schulde ich Ihnen noch‹ fünfhundert Dollar in die Trinkgeldkasse zu legen und mich zu bedanken.«

Mary Jane Ryan ist eine besonders fähige Lehrerin für das Fach »Dankbarkeit«, denn sie hat sich ihr Verständnis der Dankbarkeit selbst mühsam erarbeitet und sie lebt, was sie schreibt.

Sie zeigt uns, wie wir Dankbarkeit zu einer höchst lebendigen Erfahrung machen können. Und sie bringt sich selbst ganz ehrlich und auf höchst schöpferische Weise ein, so dass Dankbarkeit nichts Abstraktes bleibt, sondern wie durch Zauber eine praktikable, greifbare Wirklichkeit wird. *Gelebte Dankbarkeit* zeigt uns an vielen Beispielen, wie wir Dankbarkeit ganz konkret in unserem Alltag üben können. Es zeigt ihren Nutzen auf, benennt die Lebenseinstellungen, aus denen sie erwachsen kann, und gelangt mühelos zu täglichen Übungen in Dankbarkeit, die das Beste in uns fördern.

> Bekundete Dankbarkeit ist unser Geschenk an
> den, der etwas geschenkt hat.
> Dankbarkeit für kleine Dinge macht jeden Tag
> zu einem Geschenk.

1

Die Freude deines Lebens aus Dankbarkeit

Suchst du Erfüllung bei anderen,
findest du niemals wahre Erfüllung.
Hängt dein Glück am Geld,
wirst du niemals mit dir selber glücklich sein.
Finde Genügen an dem, was du hast,
freue dich an den Dingen, wie sie sind.
Geht dir dann auf, dass es an nichts fehlt,
gehört dir die ganze Welt.

Laozi

Gestern habe ich letzte Hand an dieses Buch gelegt und bin zwischendurch mit meiner Freundin Annette in ein chinesisches Restaurant gegangen, um mit ihr beim Essen über Dankbarkeit zu sprechen. In meinem Orakelkeks zum Abschluß der Mahlzeit fand ich folgenden Spruch: »Lass ab vom Suchen. Das Glück ist zum Greifen nah.« Passenderes hätte ich kaum finden können, denn genau darum geht es in diesem Buch: Das Glück, die schiere Freude des Lebendigseins, ist zum Greifen nah. Es gehört nicht mehr dazu als eine Haltung der Dankbarkeit. Dankbarkeit erzeugt Glück, weil sie uns ein Gefühl von Erfülltheit und Vollständigkeit gibt. Dankbarkeit ist dieses Gefühl, dass wir – zumindest eben jetzt – alles haben, was wir brauchen.

Es heißt, dass man das lehrt, was man selbst am dringendsten zu lernen hat, und das trifft auf mich und die Dankbarkeit ganz besonders zu. Ich habe dieses Buch nicht allein in dem Gedanken geschrieben, dass Dankbarkeit für unsere Welt geradezu lebenswichtig ist; der zweite Grund ist, dass ich selbst bewusster dankbar zu sein lernen möchte. Deshalb trete ich hier nicht als »Expertin« auf, sondern als ein Mensch, der wie alle anderen unterwegs ist, um so zu werden, wie er angelegt und gemeint war.

Wie viele andere habe ich so zwischen zwanzig und fünfunddreißig einen Großteil meiner Zeit mit dem Katalogisieren aller erlittenen Verletzungen und Misshandlungen zugebracht. Im therapeutischen Rahmen, aber auch außerhalb in Zusammenarbeit mit Freunden und besonders nahe stehenden Menschen versuchte ich zu analysieren und zu kategorisieren, durch wen und was mein Unglück zustande gekommen war und worin es bestand. Ich war eine eingefleischte Pessimistin und vermochte in allem und jedem die Schattenseiten zu entdecken. Ich bekannte mich zu dem Glauben, dass das Leben hart ist und hinter jeder Ecke Unheil lauert. Lief irgendetwas gut, konnte es nur eine Frage der Zeit sein, bis die Wendung zum Schlechteren eintrat. Wenn Dankbarkeit mir überhaupt in den Sinn kam, dann hin und wieder für einen Augenblick, wenn ich an ein paar Menschen in meinem Leben dachte, die mir ermöglicht hatten, mich geliebt zu fühlen.

Heute jedoch sieht die Welt für mich ganz anders aus. Ich kann hier kein bestimmtes Ereignis anführen, keinen grundstürzenden Augenblick, in dem meine Einstellung ganz plötzlich eine andere geworden wäre. Nein, ich habe nur nach und nach meine Verletzungen besser verstanden, so dass einiges heilen konnte, und dann fiel mir auf, dass positive Gefühle in meinem Leben nicht gerade dicht gesät waren. Ich fühlte mich nicht mehr ganz so elend und allein, war nicht mehr gar so voller Sorgen und Kümmernisse. Von Freude, Glück, Optimismus, Glauben und Vertrauen allerdings war auch nicht groß die Rede. So fing ich an, mich mit all diesen Seelenregungen zu beschäftigen.

Als meine Lehrer für Optimismus und Freude suchte ich mir ganz gezielt Menschen, die eine natürliche Heiterkeit auszustrahlen schienen. Da fiel mir bald eine Gemeinsamkeit auf: Diese Menschen lassen eine tiefe Dankbarkeit erkennen, die ihnen völlig mühelos zu entströmen scheint. Weiteres Forschen ergab, dass alle diese Menschen eine mindestens ebenso schwierige Kindheit und Jugend wie ich gehabt hatten. Aber sie entschieden sich bewusst für eine Lebenshaltung, die sie glücklicher machte, und zu dieser Lebenshaltung gehörte Dankbarkeit.

Da wurde mir endlich klar, dass man in der Kindheit erworbene Einstellungen nicht unbedingt ein Leben lang mit sich herumschleppen muss. Wir haben die Freiheit, uns anders zu entscheiden, und wenn wir es tun, ändert sich auch unsere Lebenserfahrung. So standen jetzt also mehr Dankbarkeit, mehr Freude und mehr Hoffnung auf meinem Stundenplan. Was bei diesem Lehrgang herausgekommen ist, halten Sie gerade in Händen.

Hier ein paar meiner Grundannahmen: Ich habe im Laufe der Jahre gelernt, dass man mit einer ganzheitlichen, die spirituelle Seite des Lebens einschließenden Perspektive am besten fährt. Ich weiß jetzt, dass wir hier sind, um »seelisch zu wachsen«, um unsere Wunden zu heilen oder uns wenigstens mit ihnen auszusöhnen und dadurch liebevoller und freundlicher zu werden, mit weniger Angst und mehr Hoffnung leben zu können. Je älter ich werde, desto mehr sehe ich das Einüben einer Haltung der Dankbarkeit als den Schlüssel zu einem von ganzem Herzen gelebten Leben, einem Leben im Geist freudiger Erwartung. Dankbarkeit ist nicht nur ein Schlüssel, sondern ein Zauberschlüssel – man muss ihn nur benutzen und plötzlich verwandelt sich die Welt in ein wahres Wunderland, das uns zum Spielen einlädt. Deshalb, weil Dankbarkeit im Grunde verblüffend einfach ist – wie übrigens die meisten spirituellen Wahrheiten. Allerdings ist es nicht immer einfach, zu einer stetigen Haltung der Dankbarkeit zu kommen. Da können einem allerlei Ablenkungen und Trübungen, aber auch in jungen Jahren erworbene negative Einstellungen in die Quere kommen. Doch glauben Sie mir: Wenn Sie in sich die Bereitschaft spüren, die Haltung der Dankbarkeit zu entwickeln, dann halten Sie den Zauberschlüssel irgendwann in der Hand!

Ein ganz erstaunlicher Zug der Dankbarkeit besteht darin, dass wir neben ihr, gleichzeitig, nicht auch noch negative Gefühle wie zum Beispiel Ärger oder Angst haben können. Dankbarkeit erzeugt nur weitere positive Gefühle – Liebe, Mitgefühl, Freude, Hoffnung. Richten wir unser Augenmerk auf das, wofür wir dankbar sind, verflüchtigen sich Angst, Zorn und Bitterkeit einfach so, scheinbar mühelos.
Wie kann das sein? Nun, Dankbarkeit setzt uns auf die Spur des Erfolgs, schärft unseren Sinn für das, was in Ordnung ist in unserem Leben, und das Gehirn ist von Natur aus in Richtung Erfolg orientiert. Wenn Sie einmal zugeschaut haben, wie kleine Kinder etwas lernen, wissen Sie, was ich meine. Ein kleines Mädchen ist zum Beispiel dabei, laufen zu lernen. Sie steht unsicher da und setzt einen Fuß vor – und bums!, schon liegt sie da, weil die Balance nicht stimmte. Aber jetzt wütet sie nicht gegen sich, weil sie es vermasselt hat, sie wird nicht ärgerlich, sie schimpft nicht auf den Fußboden oder ihre Schuhe, sondern nimmt einfach wahr, dass es mit dieser Fußstellung nicht ging, und versucht es erneut. Sie versucht es immer wieder, sie sortiert, ohne sich das Hirn zu zermartern, alles Untaugliche aus und behält das Taugliche bei, bis sie den Bogen schließlich heraus hat. Fallen, fallen, fallen, gehen, fallen, fallen, gehen, gehen, gehen!

Wenn wir dann älter werden, trägt man Sorge, immer mehr auf eigene Fehler zu achten, und so lernen wir, bei dem zu verweilen, was *nicht* in Ordnung ist, was nicht oder nicht ausreichend vorhanden ist, was unzureichend oder schmerzhaft ist. Genau da liegt der große Nutzen der Dankbarkeit. Sie verhilft uns zurück in unseren Naturzustand der Freude, in dem uns das Richtige mehr interessiert als das, was nicht in Ordnung ist. Durch Dankbarkeit lernen wir, es wie die Pflanzen zu machen, die sich dem Licht zuwenden und nicht von ihm abwenden.

Dankbarkeit ist ebenso einfach wie wirksam, und das könnte zu allerlei blauäugigen Vereinfachungen und Verallgemeinerungen verführen, die schließlich gar nichts mehr sagen und eher langweilige Lektüre abgeben. Meine Hoffnung ist, dass Sie in diesem Buch echte Inspiration finden werden und dazu ein paar handfeste Anstöße, wie man sein eigenes Leben mit einem dankbarem Herzen führen und gehaltvoll machen kann.

Um Ihnen diesen Weg schmackhaft zu machen und dazu den nötigen Rückhalt zu geben, betrachtet dieses kleine Buch zunächst einmal die »Geschenke der Dankbarkeit«, also das, was in unserem Leben alles geschehen kann, wenn wir Ernst machen mit der Dankbarkeit. Es macht nichts, wenn Sie hier noch keine Vorstellung haben, wie dabei vorzugehen ist; wir betrachten erst einmal nur die wunderbaren Auswirkungen, die unsere neue Haltung haben wird. Danach gehen wir zu den »Spielarten der Dankbarkeit« über; das sind die Einstellungen und Denkweisen, die wir uns aneignen müssen, um Dankbarkeit in uns zu entwickeln. Zuletzt kommen wir zur »Übung der Dankbarkeit« und hier wird aufgezeigt, wie wir zu Dankbarkeit in allen Lebenslagen finden können. In gewissem Sinne ist jedes der sechzig Kapitel eine eigene Meditation. Daraus folgt, dass man dieses Buch nicht einfach durchlesen sollte. Viel besser ist es, wenn Sie ein Kapitel lesen und es dann erst einmal eine Weile – ein, zwei Tage, eine Woche oder auch länger – auf sich wirken lassen, bevor Sie weiterlesen. Dankbarkeit ist eine Haltung, die eingeübt und praktiziert werden muss; deshalb brauchen Sie Zeit, um alles Gelernte zu verdauen und sich wirklich zu Eigen zu machen, anstatt es einfach zu lesen und dann beiseite zu legen und zu vergessen.

Nehmen Sie sich zum Einstieg ein paar Minuten Zeit, um an einen glücklichen Augenblick in Ihrem Leben zu denken, der für Sie etwas Besonderes ist und immer lebendig bleibt, auch wenn er Jahre oder Jahrzehnte zurückliegt. Erleben Sie ihn noch einmal mit allem, was es da zu sehen und zu hören gab, mit all Ihren Empfindungen. Was ist das Besondere an diesem Augenblick, das immer bei Ihnen bleibt? Gehört Dankbarkeit dazu? Was war es, das Ihnen dankbar zu sein erlaubte?

Für mich sind es ein paar Tage alte Kätzchen und dieses Gefühl, wie sie mir über den Rücken krabbelten, als ich zwei Jahre alt war. Ich spüre noch die feinen Krallen, habe noch die Piepsstimmen im Ohr und das wuschelige Babyfell vor Augen. Dieses Pieksen der winzigen Krallen auf der Haut, eine so köstlich unerwartete Empfindung, lässt mich heute noch lächeln. Es ist meine früheste Erinnerung an mein Staunen angesichts dieses Wunders, in einem Körper zu leben. Das ganz Neue, nie Gekannte ließ mich in dem Augenblick dankbar sein dafür, dass ich lebendig war, und macht diesen Augenblick zu einer der deutlichsten und lebendigsten Erinnerungen meines Lebens.

Das ist eigentlich das Schönste, was ich bisher an der Dankbarkeit entdeckt habe, dieses Gefühl, vor lauter Freude schier zu platzen, wenn man einfach nur an all das denkt, was man bekommen hat. So haben wir doppelt von allem, was wir bekommen – zuerst das Geschenk selbst und später dann die Freude der Erinnerung.

2

Geschenke der Dankbarkeit

Dankbarkeit erschließt die Fülle des Lebens. Sie lässt, was du hast, genug sein und mehr als genug. Sie macht aus Verweigerung Annehmen, aus Chaos Ordnung, aus Verwirrung Klarheit. Dankbarkeit macht unsere Vergangenheit verständlich, lässt uns heute Frieden finden und erzeugt eine Perspektive für morgen.

Melody Beattie

Bewusstes Einüben der Dankbarkeit ist eine Reise der Seele. Sie beginnt, wenn wir um uns her die positiven Auswirkungen der Dankbarkeit zu bemerken anfangen. Dazu richten wir unser Augenmerk auf Menschen, denen Dankbarkeit leicht zu fallen scheint, und wir werden bemerken, wie gern wir uns in ihrer Nähe aufhalten. Ein weiterer Zugang besteht darin, sich Zeiten ins Gedächtnis zu rufen, in denen man besonders dankbar war. Erinnern Sie sich, von wie viel Frieden und Freude solche Zeiten begleitet waren? Sobald wir verstehen, was für Geschenke wir durch Dankbarkeit bekommen, wird sie uns nicht mehr fern liegen, sondern wir werden sie als selbstverständlichen Bestandteil und freudigen Ausdruck unseres Menschseins sehen lernen.

Dankbarkeit ist die Mutter der Freude

Freude ist Gebet, Freude ist Stärke, Freude ist Liebe – Freude ist ein Netz der Liebe, mit dem man Seelen fängt. Am meisten gibt, wer mit Freude gibt.

MUTTER TERESA

Ich weiß nicht, wie es bei Ihnen ist, aber in meinem Leben gab es lange Zeit nicht sehr viel Freude – ich meine, dieses wundervolle Schwellen und Aufgehen des Herzens. Es lag nicht daran, dass die äußeren Bedingungen meines Lebens besonders schwierig gewesen wären; es lag eher an den »Lernerfolgen«, mit denen ich aus meiner Kindheit hervorging. Ich hatte gelernt, gut zu planen und fleißig zu arbeiten. Erfolge waren gut, weil sie dem dienten, was ich plante: Schule, Uni, ein guter Job, eine Beziehung. Aber sie waren nicht dazu da, dass man sie einfach nur so genoss und feierte.

Wie so viele war ich derart mit dem Erklimmen der Erfolgsleiter beschäftigt, dass ich mir nie Zeit nahm, den Weg auch zu genießen. Ich war immer schon unterwegs zur nächsten Herausforderung. Wenn ich an frühere Anlässe zur

Freude zurückdenke – Abschiedsrednerin bei der Schulabschlussfeier, Hochzeit, als Autorin in die Bestsellerliste kommen, um nur drei Beispiele zu nennen –, wird mir klar, dass mein Blick beim Erreichen solcher Ziele immer schon auf die nächste »Trophäe« gerichtet war. Ich war eine Maschine, die gedankenlos Leistungen ausstößt, ohne je anzuhalten, um einfach mal den Weg zu genießen.

Aber irgendwann wurde ich müde und hatte dieses freudlose Dasein satt. Deshalb habe ich in den letzten Jahren immer mehr darüber nachgedacht, wie ich mehr Freude in mein Leben bringen kann. Und je mehr ich darüber nachdenke, desto stärker wird die Überzeugung, dass Freude und Dankbarkeit sehr eng zusammengehören. Mein Wörterbuch definiert *Freude* als »ein durch Wohlbefinden, Erfolg und Glück oder durch die Aussicht auf Wunscherfüllung ausgelöstes Gefühl«, während es *Dankbarkeit* als »freudige Wertschätzung von etwas Willkommenem« beschreibt. Anders gesagt: Wenn wir für etwas dankbar sind, empfinden wir Freude und fühlen uns wohl.

So entschloss ich mich, dass ich nicht weiter, ohne nach links und rechts zu schauen, irgendeinem undefinierbaren Gipfel der Leistung entgegenklettern, sondern meine Aufmerksamkeit all den wunderbaren Dingen zuwenden wollte, die sich in meinem ganz alltäglichen Leben abspielen. Seit ich das tue, sickert allmählich ganz von selbst Freude in mein Leben, ohne dass ich mich eigens darum bemühen müsste.

Wie wär's? Machen Sie es doch so, wie Sarah Ban Breathnach einmal gesagt hat: »Fang heute an. Verkünde dem Universum, dass du vom Ringen abzulassen bereit bist und dich darauf freust, durch Freude zu lernen.« Dann denken Sie an alles, was Sie heute geschafft haben, und feiern Sie jede noch so kleine Errungenschaft.

Dankbarkeit verjüngt

Das Wunderbare im Gewöhnlichen zu sehen ist stets das Kennzeichen der Weisheit.

RALPH WALDO EMERSON

Kleine Kinder können von so überschwänglicher Freude sein, immer bereit, das Leben mit allem, was es an Geheimnisvollem und Großartigem bietet, anzunehmen. Alles ist neu und aufregend und ein Geschenk, alles – eine Blase, eine Schneeflocke, ein Pfütze. Aber je größer wir dann werden, desto mehr verlässt uns diese Begeisterungsfähigkeit. Etwas verhärtet sich, wird stumpf und liegt dann wie unter einer Kruste verborgen. Wir verlieren die Freude, den Überschwang, dieses stürmische Umarmen des ganzen Lebens. Dann hüpfen wir nicht mehr, sondern trotten, ziehen uns zurück, anstatt die Welt zu erkunden, »zu alt für so was«, einerlei, was wir unter »so was« verstehen.

Dieses allmähliche Eintrocknen ist so verbreitet, dass wir einen lebenslustigen und frohen älteren Menschen als große Ausnahme ansehen. Aber das Leben muss den Reiz, den es in der Jugend hat, nicht verlieren. Wir brauchen nur den Ort

der Dankbarkeit in uns zu suchen, dann sind wir wieder wie kleine Kinder, die die Welt zum ersten Mal sehen.
Dawna Markova erzählt in ihrem Buch *Simple Pleasures of the Garden* von solch einer Frau: »Vor einigen Jahren ging ich in Rhode Island einmal im März einen Kiesweg entlang, der ans Meer führte. Aus einer Einfahrt humpelte eine dürre alte Frau auf mich zu. Ich grüßte und wollte weitergehen, aber sie packte mich am Arm, machte kehrt und wollte mich offenbar in Richtung Haus zerren. Mir fiel gleich die Hexe aus »Hänsel und Gretel« ein und ich stemmte mich gegen sie, aber sie fasste mich nur noch fester an der Hand. Da keinerlei Hexengekicher zu hören war, gab ich schließlich nach …
Sie sagte nichts, bis wir schließlich am Haus waren: ein mit Schindeln verkleidetes Holzhäuschen mit grünen Fensterläden und davor ein Rasen, aus dem überall tiefviolette Krokusse hervorsprossen. Da ließ sie mich los, warf die Arme hoch und jubelte: ›Sehen Sie sich diese Pracht an! Ist das nicht ein Wunder?‹«
Diese alte Frau war ganz aufgeschlossen für den Zauber und die Schönheit des Lebens. Ihre blitzenden Augen und der Feuereifer, mit dem sie ihre Blumenpracht vorführte, machte alles rings um sie her strahlender und lebendiger.

Wer dankbar ist, fühlt sich einfach besser

Innerer Sonnenschein lässt Blumen des Friedens, des Glücks und des Wohlstands auf der Erde wachsen. Lass deine innere Sonne scheinen.

GRAFFITI AN EINER MAUER IN BERKELEY

Tom stammt aus einer Familie höchst erfolgreicher Geschäftsleute und auch er wurde die Erfolgsleiter hinaufgetrieben – vor allem durch Kritik, wenn er Fehler machte. So lernte er früh, dass Leben »harte Arbeit« ist, dass in dieser Welt »die Großen die Kleinen fressen«, dass man keine Fehler machen darf, wenn man vorwärts kommen will. Er war so erfolgreich, wie es erwartet wurde, machte einen ordentlichen Abschluß auf einer der besten Wirtschaftsakademien – nur glücklich war er nicht. Die Arbeit war für ihn die reinste Tretmühle und die meiste Zeit grübelte er über Dinge nach, die er falsch machte: dass er sich bei Meetings nicht durchsetzte, dass er zu wenig Telefongespräche führte. Die meiste Zeit fühlte er sich leblos und war deprimiert.

Schließlich ging er zu einem Arzt und Therapeuten, um sich

Prozac verschreiben zu lassen. Lieber wäre er allerdings ohne Antidepressiva ausgekommen und so ging er auf den Vorschlag des Therapeuten ein, vorher noch etwas anderes auszuprobieren. Er sollte sich morgens vor der Arbeit die Frage stellen: »Was gibt es an mir, wofür ich dankbar bin?« So rief er sich seine Fähigkeiten, Stärken und Begabungen ins Gedächtnis. Und am Ende des Arbeitstages sollte er sich fragen: »Was habe ich heute gemacht, womit ich wirklich ganz einverstanden bin?«

Dabei entdeckte er etwas, wovon er mir später erzählte. »Wissen Sie was?«, sagte er. »Dankbarkeit ist wie Speed, nur ohne Chemie. Sie funktioniert so zuverlässig, dass ich mich, wenn zwischendurch mal ein Energieloch kommt, nur fragen muss, wofür ich in diesem Augenblick dankbar bin.« Tom hat sich also auf das verlegt, was er richtig macht und gut an sich findet. Allein dadurch hat er seine Depression überwunden und inzwischen freut er sich regelrecht auf die Arbeit.

Dankbarkeit gibt uns ein gutes Gefühl, weil sich unser Blickwinkel erweitert. In der Depression oder unter Stress bekommen wir leicht den Scheuklappenblick und sehen nur noch dieses Problem und jene Schwierigkeit. Zähe, düstere Verzweiflung drückt uns immer weiter nieder. Lassen wir nur ein bisschen Dankbarkeit zu, kann das die rettende Dosis

Sonnenschein sein. Plötzlich wirkt die Welt wieder lichter und wir nehmen wahr, dass wir Alternativen haben.
Und das Allerschönste: Kaum erleben wir den Sonnenschein der Dankbarkeit, schon sind wir selbst wie in Sonnenlicht getaucht. Plötzlich ist nicht nur in der Welt mehr Licht, sondern wir selbst hellen uns auf. Bald wird uns auffallen, dass unser Leben voller Menschen ist, die sich gern in unserer Nähe aufhalten, weil wir diesen Frieden, diese Fröhlichkeit und Freude ausstrahlen.

Dankbarkeit ist gesund

Gefühle der Dankbarkeit setzen überall im Körper Endorphine frei und fördern dadurch die Gesundheit.

SHARON HUFFMAN

Bei Josephine, heute siebenundsiebzig Jahre, stellte man mit Ende fünfzig einen bösartigen Hirntumor fest und die Operation wurde gleich ein paar Tage später angesetzt. Diese Zeit nutzte sie, in der Korbschaukel auf ihrer Veranda sitzend, um sich für alles Schöne in ihrem Leben zu bedanken. Sie schrieb jedem ihrer Angehörigen einen Brief, in dem sie sich bedankte, und ging dann in die Klinik. In der Nacht vor der Operation sah sie ein Wesen »wie eine wunderschöne Frau mit langem, wallendem Haar, die mich anlächelte und von der ein Licht ausging. Sie sagte, sie sei ein Engel und habe meine Liebe gespürt und sei gekommen, um mir zu sagen, dass alles gut sei und dass ich Zeit genug haben würde, mein Leben zu erfüllen. Dann sagte sie: ›Vergiss nie, dass deine Liebe und deine Dankbarkeit dich geheilt haben.‹« Wie sich dann herausstellte, war der Tumor verschwunden und die Ärzte schickten Josephine ohne Operation nach Hause.

Es ist eine Tatsache, dass positive Gefühle wie Dankbarkeit und Liebe sich günstig auf die Gesundheit auswirken. Sie stärken durch Ausschüttung von Endorphinen in die Blutbahn das Immunsystem, so dass der Körper sich besser gegen Krankheiten wehren und von ihnen erholen kann. Endorphine sind die natürlichen Schmerzmittel des Körpers. Unter anderem sorgen sie für eine Erweiterung der Blutgefäße, was für das Herz eine entspannende Wirkung hat.

Negative Regungen wie Sorgen, Ärger und Hoffnungslosigkeit dezimieren die für die Krankheitsabwehr wichtigen weißen Blutkörperchen und machen sie langsamer; außerdem sorgen sie für die verstärkte Ausschüttung von Adrenalin und fördern so die Bereitschaft zu Gehirnschlägen und Herzerkrankungen. Adrenalin verengt die Blutgefäße, insbesondere in Richtung Herz, so dass der Blutdruck steigt und die Gefährdung der Arterien und des Herzens selbst wächst.

Je dankbarer wir sind, desto mehr Endorphine und desto weniger Adrenalin pumpen wir in unser Blut. Wenn wir bei den schönen Dingen in unserem Leben verweilen, durchspülen wir uns buchstäblich mit wohltuenden Hormonen. Niemand kann garantieren, dass Dankbarkeit uns heilen wird, wie sie Josephine geheilt hat. Aber wir werden uns besser fühlen, so viel ist sicher!

Dankbarkeit vertreibt Sorgen

Dankbar und zugleich unglücklich sein, das geht nicht.

EINE FRAU ZU DR. TOM COSTA

Wenn es fürs Sorgenmachen Geld gäbe, wäre ich eine reiche Frau. Irgendwann während meiner Kindheit bekam ich den Eindruck, dass man mit eifrigem Kopfzerbrechen drohenden Katastrophen vorbeugen könne, und als Erwachsene war ich dann überzeugt, wenn ich je mit dem Sorgenmachen aufhören und den Ball auch nur für einen Augenblick aus den Augen lassen sollte, würde etwas Furchtbares passieren. Wenn man sich ständig über das Armsein den Kopf zerbricht, dachte ich, dann wird man es nicht. Wenn ich mir nur genügend Sorgen machte, was meinem Partner alles passieren könnte, dann würde ihm nichts passieren. Wenn ich mich unablässig um die Gesundheit meines Stiefsohns sorgte, würde er nicht krank werden. Glück fand in meinem Herzen keinen Platz, weil alles voller Sorgen war. Ich war sogar überzeugt, ich dürfe nicht zu glücklich sein, sonst würde ich damit einen Fluch anziehen. Wenn ich beispielsweise in der Liebe zu viel Glück fand und mich nicht ausrei-

chend sorgte, so glaubte ich, würde sie mir irgendwann weggenommen.
Erst jenseits der vierzig habe ich angefangen, etwas gegen meine zwanghaft sorgenvollen Gedanken zu tun, und ich konnte nur staunen, wie schnell man mit Dankbarkeit die Sorgenwarzen von der eigenen Seele wegzaubern kann. Ich habe viele andere Methoden ausprobiert: Ich habe mich gefragt, was das Allerschlimmste wäre, das mir passieren könnte; ich habe mir ausgemalt, durch dieses Schlimmste hindurchzugehen und so Neuland zu erreichen. Ich habe meine Sorgen ohne jedes Urteil einfach beobachtet, ich habe mich ihnen ganz überlassen, ich habe sie weggeschoben. Nichts wirkt so prompt wie das Eintauchen – jetzt – in die Dankbarkeit für alles, was ich habe.
Geldsorgen? Ich halte mir vor Augen, dass ich bisher eigentlich immer mit allem Notwendigen versorgt war und derzeit wirklich genug besitze. Gesundheitliche Sorgen? Ich sammle mich ganz auf meine jetzige wirklich dankenswerte Gesundheit. Und meine Lieblingssorge, dass einem aus dem engsten Kreis meiner Lieben etwas zustoßen könnte? Ich halte mir vor Augen, wie dankbar ich bin, dass sie jetzt in meinem Leben sind.
Diese Dankbarkeit, glaube ich, wirkt aus zwei Gründen.

Erstens geht es bei Sorgen immer um die Zukunft, und sei es auch nur die nächste Stunde oder Minute, während Dankbarkeit sich auf das Hier und Jetzt bezieht. Gehen Sie Ihre Sorgenliste einmal durch. Geht es nicht immer um Dinge, die passieren oder ausbleiben könnten? Sie machen sich Sorgen, was der Chef morgen zu Ihrer Präsentation sagen wird. Sie zermartern sich das Hirn, ob Sie in der Lage sein werden, Ihrem Sohn ein Studium zu finanzieren. Sie sehen mit banger Erwartung den Untersuchungsergebnissen entgegen. Jedes Mal projizieren Sie sich selbst in die Zukunft und sehen etwas Böses kommen.

Halten wir es doch lieber mit André Dubus: »Wenn Sie einen Augenblick überstehen können, dürfte es nicht so schwer sein, einen Tag zu überstehen. Was uns zur Verzweiflung treibt, sind doch lauter Vorstellungen, die uns eine Zukunft vorgaukeln, die partout Tausende von Augenblicken und Hunderte von Tagen vorhersagen wollen und einen so zermürben, dass man nicht mehr in der Lage ist, den gerade stattfindenden Augenblick zu leben.« Dankbarkeit holt uns in den gegenwärtigen Augenblick zurück, zu allem, was eben jetzt wunderbar funktioniert. Mag sein, dass es morgen Schwierigkeiten gibt, aber jetzt läuft eigentlich alles ganz gut.

Zweitens wirkt Dankbarkeit gegen sorgenvolle Gedanken,

weil sie uns an die Reichhaltigkeit dieser Welt erinnert. Ja, es kann sein, dass etwas Schlimmes passiert, aber nach allem, was Ihnen bisher zuteil geworden ist, stehen die Chancen eigentlich ganz gut, dass Sie weiterhin das Notwendige für Ihren Weg durchs Leben bekommen werden – vielleicht auf Wegen, an die Sie nie gedacht und die Sie niemals von selbst eingeschlagen hätten.

Dankbarkeit zieht andere an

Manchmal sind meine Tage voller Selbstmitleid, und dabei tragen mich doch unablässig Große Winde durch den Himmel.

Sprichwort der Ojibwa-Indianer

Ich habe eine Freundin, die einfach keinen guten Faden an ihrem Leben finden kann. Ständig jammert sie über ihren Job, ihre Kollegen, ihre Männerbeziehungen. Sie macht sich auch selber ganz schön herunter. Und es nützt überhaupt nichts, wenn ich sie auf all das Gute aufmerksam zu machen versuche, das ich in ihrem Leben erkennen kann. Sie fängt einfach wieder von vorn an mit ihrem »ach, ich Arme«. Nach einem Nachmittag mit ihr werde ich selber miesepetrig und trübsinnig und habe ehrlich gesagt die Nase voll. Mir fällt auf, dass ich mich vor diesen Zusammenkünften irgendwie zu drücken versuche.

Mit meiner Freundin Abby ist das ganz anders. Abby hat auch ein schweres Leben gehabt. Sie lebte als Kind in einer keineswegs wohlhabenden Familie und später hat sie einen Sohn allein großgezogen, sich durchs Studium gequält und auch noch alte und kranke Verwandte versorgt. Aber sie ist meistens fröhlich und obenauf und ich freue mich immer, wenn ich sie sehe, denn wenn wir zusammen sind, hat das Leben etwas Leichtes und Frohes.

Neulich merkte ich einmal an, sie habe einen tollen Beruf und ihr Chef und die Firma wüssten sie offenbar zu schätzen. Sie sagte: »O ja! Ich liebe meinen Job und bin froh, dass ich ihn habe. Jeden Morgen, wenn ich zur Arbeit fahre, packe ich das Lenkrad und danke Gott für meine Arbeit. Für die Arbeit, durch die ich mir diesen Wagen leisten kann, für die netten Leute, mit denen ich in einem wirklich schönen Büro zusammenarbeite, und für einen Chef, der mich und alle anderen so gut behandelt. Ja, ich bin total dankbar für alles, was ich habe, und es ist mir sehr wichtig, mich auf dem Weg zur Arbeit zu bedanken. Das gibt mir eine Grundlage und so fängt mein Tag mit einem positivem Grundton an, der mich wie auf Flügeln weiterträgt.«

Was Abby so fröhlich und optimistisch macht, ist ihre Dankbarkeit, davon bin ich überzeugt. Und dass sie mehr Freunde hat als sonst irgendwer, den ich kenne, hat sicherlich den gleichen Grund. Wenn wir dankbar sind, strahlen wir Freude und Zufriedenheit aus, und das macht uns zu einem Magneten, der andere Menschen anzieht. Sie möchten einfach diese übersprudelnde, mitreißende Energie spüren.

Und Dankbarkeit zieht Menschen nicht nur an; sie macht auch, dass jene, die schon um uns sind, gern bleiben. Bleiben wir also lieber bei dem, was vorhanden ist, anstatt auf das Fehlende zu blicken, sehen wir das Glas als halb voll und nicht als halb leer. Damit können wir uns aus der Ichbefangenheit befreien und wahrnehmen, dass tatsächlich Menschen um uns sind und wir etlichen wirklich viel verdanken. Zeigen wir ihnen, wie dankbar wir sind, dass es sie gibt; dann werden diese Menschen vermutlich weiterhin gern in unserer Nähe sein.

Dankbarkeit hilft gegen Bitterkeit und Groll

Je mehr Licht du in dir selbst zulässt, desto lichtvoller wird deine Welt sein.

Shakti Gawain

Cynthia, eine zierliche, talentierte Frau, setzte nach einer entsetzlichen Schlammschlacht die Scheidung von ihrem Mann durch. Zwanzig Jahre später ist sie immer noch verbittert und voller Groll und kann nicht von ihrem Exmann lassen, sondern zieht bei jeder Gelegenheit über ihn her und nervt ihre Freunde und Kinder damit, wie dieser Mann ihr Leben ruiniert hat. Nun ja, indirekt hat er das: Sie hielt stur an ihrer Verletztheit und ihrem Groll fest und so konnte sie das Trauma nicht überwinden und weitergehen. So gekränkt und voller Hass, hat sie natürlich auch keine neue Liebe gefunden und ihre inzwischen erwachsenen Kinder meiden sie wie die Pest.

Kennen Sie Menschen, die so tief verbittert sind, dass sie einem wie schwarze Löcher vorkommen, die ihrer Umgebung alle Energie absaugen? Ob wir sie als Pessimisten oder Undankbare oder Miesmacher sehen, ihre Gegenwart wirkt

jedenfalls ziemlich anödend. So gänzlich in dem befangen, was falsch lief in ihrem Leben, sehen sie überhaupt nicht mehr, dass sie auch Gutes bekommen haben, dass es Geschenke und freudige Überraschungen gab.
Meist sind wir nicht gänzlich schwarze Löcher, aber wenn wir das Dankbarsein versäumen, handeln wir uns leicht eine Bitterkeit ein, die keine seelische und spirituelle Entwicklung mehr zulässt. Und wenn wir selbst nicht wachsen, wird das Licht in uns schwach und trüb.
Bitterkeit ist ein Gift, das uns innerlich finster macht, bis wir nur noch das sehen, was nicht in Ordnung ist, und für die Vergnügen und Freuden des Lebens keinen Blick mehr haben. Als der Mann, mit dem ich vierzehn Jahre zusammengelebt hatte, mich verließ, sagte er als Begründung, er sehe mich immer weiter verbittern und wolle sich diesen Anblick ersparen. Es gab wohl auch andere Gründe für unsere Trennung und darunter etliche, die eher ihn betrafen; trotzdem, als der Schmerz über den Verlust sich einigermaßen gelegt hatte, war ich ihm dankbar für diesen Weckruf, denn tatsächlich war ich drauf und dran gewesen, mich in eine verbitterte Frau zu verwandeln – und das war nun wirklich das Letzte, was ich sein wollte.
Ich bin fest entschlossen, mich nie wieder in Bitterkeit

abgleiten zu lassen. Sicher, es gibt viele Dinge im Leben, die wirklich ärgerlich und kränkend sind, aber soll ich deswegen vielleicht alles Schöne, Gute und Anrührende nicht mehr wahrnehmen? Ich möchte, dass meine Seele von überfließender Liebe leuchtet, und ich kenne dazu kaum einen besseren Zugang als Dankbarkeit.
Dankbarkeit ist ein Licht, mit dem wir unsere Seele ausleuchten können. Je dankbarer wir sind, desto mehr erleben wir von diesem Licht und desto mehr können wir es in die Welt leuchten lassen.

Dankbarkeit kuriert Perfektionismus

Das sollte man sich einmal vor Augen halten: Als der Große Schöpfer die Welt fertig hatte, nannte er sie »sehr gut«. Nicht »vollkommen«.

SARAH BAN BREATHNACH

Als Mädchen wollte ich eine Heilige werden. Nicht einfach nur das, was man »gut« nennt, nein, eine kanonisierte Heilige. Ich sagte mir: Was man überhaupt tut, kann man auch gleich anständig machen, und wenn ich schon perfekt bin, weshalb sollte ich dann nicht auch noch die gebührende Würdigung erfahren? Heiligsprechung, das schien mir passend. Dummerweise kamen dann doch immer wieder Ausrutscher vor. Ich vergaß beispielsweise, mein Bett zu machen, oder erwischte mich bei Eifersucht auf meinen Bruder – und dann sank ich in schwarze Verzweiflung und sah mich als Versagerin.

Ah, Perfektionismus! Wer diese Krätze hat, blickt vielleicht staunend oder verächtlich auf andere, die nicht daran erkrankt sind (»Du meinst, dir ist es egal, ob du es perfekt hinkriegst oder nicht??« »Du scheinst mir ja eine ziemliche

Flasche zu sein.«). In Wahrheit entspringt Perfektionismus natürlich dem begründeten Verdacht, dass wir selbst unvollkommen sind. Wir können einfach nicht glauben, dass wir in unserer nur allzu menschlichen Unvollkommenheit doch gut genug sind, und geben uns alle Mühe, makellos und perfekt zu wirken.

Für mich jedenfalls war es so. Als Kind glaubte ich irgendwie verstanden zu haben, ich müsse nur alles perfekt machen, dann werde das Leben richtig laufen. Aber das Leben ist nun mal unordentlich, da mögen wir uns noch so anstrengen, und auch der einzelne, ich eingeschlossen, bringt es einfach nicht bis zur Vollkommenheit. Nach Jahrzehnten als Möchtegernheilige war ich das ewige Ringen schließlich leid. Heute versuche ich nicht mehr, alles und jeden in meine Pläne zu pressen (womit selbst eine Heilige überfordert wäre), sondern nutze die Energie, die früher ins Heiligkeitsprojekt floss, um dankbarer zu sein.

Perfektionismus erwächst aus einem Gefühl von Unzulänglichkeit und Schwäche und dagegen hilft Dankbarkeit, weil sie uns die Erfahrung der Fülle und des Genügens erschließt. In der Dankbarkeit nehmen wir das Leben an, wie es ist, so unordentlich, vertrackt oder regelwidrig es darin auch zugehen mag.

Dankbarkeit lässt uns die Unvollkommenheit der Welt akzeptieren – und unsere eigene. Wenn wir das Öl der dankbaren Wertschätzung auf unsere Erfahrung dieses so unvollkommenen Lebens gießen, kann es nicht ausbleiben, dass wir selbst auch gesalbt werden. Plötzlich überfällt uns Freude über diese verrückte, kunterbunte Welt und wir erkennen uns als Teil dieser Welt und können uns endlich als das empfinden, was wir sind – Kinder dieser Welt und in unserer ganzen Unvollkommenheit völlig in Ordnung.

Dankbarkeit erlöst uns vom Habenwollen

Sollte es je Frieden Geben, dann durch Sein, nicht durch Haben.

HENRY MILLER

Vor ein paar Jahren fiel mir auf, dass ein Wochenende, an dem ich nur Lebensmittel kaufte, ein kribbeliges Gefühl bei mir hinterließ. Ich war auf Shopping aus, ich wollte kaufen, konsumieren – irgendwas, auch wenn ich es gar nicht brauchte.

In diesem Gefühl war ich sicher nicht allein. Die private Verschuldung ist noch nie so hoch gewesen wie heute und das Gleiche gilt für private Insolvenzen. Konsumbedingte persönliche Finanzlöcher sind für viele so groß geworden, dass sie nicht mehr herauskrabbeln können.

Ich sah mich gar nicht gern als Sklavin der Konsumsucht. Also nahm ich mir vor, weniger zu kaufen und dafür all das mehr zu genießen, was ich schon hatte. Ich trug eine alte Lieblingsbluse, anstatt mir eine neue zu kaufen. Aber ich zog sie nicht einfach achtlos über, sondern versuchte genau wahrzunehmen, was ich an ihr mochte – die zarte Stickerei, den seidigen Stoff, das glühende Rot. Und da entdeckte ich

einen der größten Segen der Dankbarkeit: Sie entlässt uns aus dem Konsumkarussell, in dem so viele von uns sich drehen. Wie das geht?
Ein ewig aktueller Ernährungstip lautet, dass man mit dem Essen aufhören soll, sobald sich ein erstes Sättigungsgefühl ankündigt, um dann erst einmal zwanzig Minuten zu warten. Danach kann man immer noch entscheiden, ob man vielleicht doch noch etwas braucht. Der Grund für dieses Vorgehen liegt darin, dass der Körper zwanzig Minuten braucht, um wirklich zu registrieren, dass er genug hat. Wenn Sie ohne Pausen essen, merken Sie nicht, dass sie vielleicht schon satt sind, und essen daher wahrscheinlich zu viel. Ähnlich wirkt das Danksagen für alles, was wir haben. Es erlaubt uns, »Sättigung« zu empfinden und uns fühlen zu lassen, dass uns ausreichend gegeben worden ist. Wenn man nicht täglich Dankbarkeit übt, gerät man leicht in den Konsumzwang. Wir merken dann nicht, dass wir eigentlich schon haben, was wir brauchen, und empfinden einen Mangel, den wir durch neue Besitztümer auszugleichen versuchen.
Seit Jahren versuche ich den Menschen das nahe zu bringen, aber man kommt erst wirklich auf den Trichter, wenn man es selbst ausprobiert. Kaufen Sie einmal zwei Wochen lang

nichts außer Lebensmitteln und den Verbrauchsartikeln des Haushalts. Wenden Sie sich in dieser Zeit einmal wirklich all dem Schönen zu, das Sie schon haben, und ich meine hier nicht nur immaterielle Geschenke wie Gesundheit und Liebe, sondern auch die ganz handgreiflichen Dinge – Ihre behagliche Wohnung, den grünen Krug, den Ihre Mutter Ihnen geschenkt hat, die wunderbar geschnitzten Bücherstützen, Ihre Lieblingsohrringe. Sehen Sie sich um in Ihrer Umgebung und bedanken Sie sich für all die Dinge in Ihrem Leben, die Ihnen Freude machen. Achten Sie darauf, wie diese zwei Wochen sich auf Ihre Kauflust auswirken.

Dankbarkeit – der Weg ins Hier und Jetzt

Dass es nie wiederkommt, das macht das Leben so süß.

EMILY DICKINSON

Gestern Abend habe ich meine kleine Adoptivtocher Ana, die erst kürzlich aus China zu uns gekommen ist, bei ihrer Nuckeltrance beobachtet. Mit geschlossenen Augen, die Lippen wie eine halb offene Rosenblüte um den Schnuller gestülpt und die zarten langen Finger um die Flasche geschlungen, überließ sie sich gänzlich diesem Geschehen. Kein Verweilen bei erlebten Verletzungen, auch wenn sie gewiss Anlass dazu gehabt hätte. Als wir sie bekamen, war sie über ein Jahr vernachlässigt worden und wies aufgrund des ständigen Liegens im eigenen Urin Verbrennungen zweiten Grades auf. Sie machte sich beim Trinken auch keine Sorgen, wo weitere Flaschen wohl herkommen sollten, wenngleich sie auch dazu gewiss Anlass gehabt hätte. Sie war zu Weihnachten auf einer kalten Straße ausgesetzt worden und zum Glück hörte jemand sie schreien. Sie hatte nichts als verdünnte Milch bekommen und wirkte die ersten Wochen bei uns noch völlig ausgehungert.

Also kein Gram, keine Sorgen, nichts von Vergangenheit oder Zukunft, sondern einfach völlige Hinwendung zu dieser warmen Milch und dem Gefühl, wie sie durch die Gurgel rinnt. Während ich ihr noch zusah, ging mir auf, dass diese totale Versunkenheit im gegenwärtigen Augenblick uns allen offen steht, wenn wir uns nur ganz und gar von Dankbarkeit ergreifen lassen.

Im Allgemeinen haben wir aber gelernt, uns nichts und niemandem so ganz und gar zu überlassen. Als Kind glaubte ich, man dürfe sich auf keine Erfahrung gänzlich rückhaltlos einlassen, weil man dann nicht alles im Auge behalten kann und vielleicht etwas Schlimmes passiert. Meine Eltern sagten manchmal, sie hätten mich als Kind nie schlafen sehen; ich hätte immer ein Auge offen gehabt, um alle sich anbahnenden Katastrophen rechtzeitig auszumachen.

Aber wenn Ana, die in ihrem kurzen Leben schon so viel gelitten hat, sich gänzlich dieser Wonne des Nuckelns überlassen kann, sollte ich dann nicht eben jetzt in der Lage sein, mich dankbar über die Gartenwicken auf meinem Schreibtisch zu freuen, über das Wunder, dass ich denken und lesen und schreiben kann?

Wenn ich tiefe, freudige Dankbarkeit zulassen kann, verblassen Vergangenheit und Zukunft und ich lebe viel mehr in diesem Augenblick. Das liegt daran, dass Dankbarkeit sich im Allgemeinen auf das Hier und Jetzt bezieht: Ich komme zurück zu mir selbst und diesem Augenblick. Dann sehe ich nicht mehr auf das, was andere irgendwann getan oder unterlassen haben, was ich für die Zukunft erhoffe oder befürchte, sondern finde mich mitten in diesem kostbaren Augenblick wieder, in dieser Erfahrung, die es so nicht noch einmal geben wird.

Dankbarkeit macht das Herz weit

Die unauffälligsten Künstler, die ich kenne, sind jene, die mit dem Leben selbst arbeiten. Ohne Pinsel, Hammer, Ton oder Gitarre geben sie dem Unausdrückbaren Ausdruck. Sie malen nicht, sie bildhauern nicht – ihr Medium ist das, was sie sind. Was auch immer sie mit ihrer bloßen Gegenwart berühren, hat mehr Leben als zuvor. Sie sehen und brauchen nicht zu zeichnen. Sie sind die wahren Lebenskünstler.

J. Stone

Ich habe einige Jahre das Weihnachtsfest bei einer Familie verbracht, in der sehr viel geschenkt wird. Hunderte von Geschenken türmten sich um den Christbaum, so dass erst nach Stunden konzentrierter Arbeit alles gesichtet war. Doch obgleich so viel von Hand zu Hand ging, fühlte ich mich nach diesen Besuchen jedes Mal leer und allein. Präsente zuhauf, aber keine Präsenz. In dieser Familie wurde so viel geschenkt, weil man keine tiefe und echte Verbindung zu sich selbst und den anderen herzustellen verstand. Sie fetzten durch die Berge von Krimskrams und sagten »danke«, ohne dass etwas von echter Dankbarkeit zu erkennen gewesen wäre.

Dieser Widerspruch zwischen materiellem Überfluss und emotionaler Verarmung war so bestürzend, dass ich nachdenklich wurde. Und mir dämmerte, dass man mit verschlossenem Herzen keine Dankbarkeit erleben kann. Das geht einfach nicht. Dankbarkeit gibt es nur in dem Augenblick, in dem wir uns dem Leben öffnen – dem Schönen in diesem Augenblick und der möglichen Überraschung im nächsten. Jemand erweist Ihnen eine kleine Freundlichkeit, indem er zum Beispiel einfach die Tür für Sie aufhält, und Sie sagen: »Danke.« Wenn Sie in dem Augenblick wirklich Dankbarkeit empfinden und nicht nur dem Gebot der Höflichkeit genügen, öffnen Sie instinktiv Ihr Herz für diesen Menschen. In diesem Augenblick sind Sie einander verbunden, auch wenn Sie sich nie wieder begegnen sollten.

Es braucht Mut, sich zu öffnen. Man muss dem Guten in anderen und in der Welt so weit vertrauen können, dass der Selbstschutz – diese Haltung, die sagt: Ich will lieber nicht dankbar sein für das, was ich jetzt bekomme, weil ich mich damit verletzlich mache – entbehrlich wird und man es einfach wagen kann, sich einzugestehen, dass man ein Geschenk bekommen hat.

Echte Dankbarkeit schließt das Herz auf und daran wird es

wohl liegen, dass so viele Dankbarkeitsbekundungen in unserer Kultur mechanisch und ohne Gefühl sind. Wir fürchten uns vor dem Gefühl der Dankbarkeit, weil wir den Kontrollverlust fürchten, der eintreten könnte, wenn wir zulassen, dass Schenken und Beschenktwerden eine echte Verbindung knüpft. Wir scheuen uns, die Liebe zu fühlen, die unweigerlich entsteht, wenn wir aufrichtig Dank sagen. Das Herz ist uns oft genug gebrochen worden und wir werden – koste es, was es wolle – dafür sorgen, dass es nicht noch einmal passiert.

Wir haben jeden Augenblick die Wahl. Möchten wir in Scheinsicherheit leben, eingeschlossen in unser Ich-Schneckenhaus und nicht bereit, die tiefe und dauerhafte Verbundenheit zu erleben, die uns jederzeit offen steht, oder riskieren wir einfach, dass unser Herz endlich offen und empfänglich bleibt für alles Schöne und Schmerzliche, das uns begegnen mag?

Wann erlebe ich dieses Aufgehen des Herzens? Durch welche Umstände wächst in mir die Bereitschaft dazu? Durch echte Dankbarkeit lernen wir, das Risiko immer wieder einzugehen.

Dankbarkeit macht uns freundlich und großzügig

Unser Arbeitsleben gibt uns reichlich Gelegenheit, anderen Gutes zu tun. Unterschätzen wir nicht die Wirkung, die ein bloßer Blick oder ein aufmunterndes Lächeln haben können.

G. Richard Rieger

Deborah Chamberin Taylor hatte sich in einem thailändischen Kloster, in dem nicht nur die Unterweisungen, sondern auch Unterkunft und Verpflegung kostenlos waren, der buddhistischen Meditation gewidmet. Kurz vor ihrer Abreise tauchte eine thailändische Familie auf, um als Ausdruck des Danks für die Lehren des Buddha ein Essen für alle 250 Teilnehmer der Meditationsklausur zuzubereiten.

Nicht lange danach half Deborah bei der Vorbereitung eines Meditationswochenendes in Nordkalifornien. In der Planungsgruppe wurde diskutiert, wie die Teilnehmer verpflegt werden sollten – die Mittel dafür gab die Kasse nämlich nicht her. Deborah dachte immer noch voll Dankbarkeit an die Gastfreundlichkeit der Thai-Familie und sagte, sie werde für das gemeinsame Mittagessen aufkommen. »Mir fiel gleich auf, wie froh mich dieser Gedanke machte. Später habe ich einer anderen Gruppe einmal diese Geschichte erzählt und es geschah etwas Überraschendes: Einer nach dem anderen traten sie vor, unaufgefordert, und händigten mir Geld für die ›Verpflegungskasse‹ aus. Auch sie wollten mit im ›Kreislauf der Gebefreudigkeit‹ sein.«

Deborahs Geschichte zeigt, dass aus Dankbarkeit Großzügigkeit erwächst und aus Großzügigkeit Dankbarkeit und so weiter. Dankbarkeit erzeugt ein Gefühl von Genügen, sie *ist* sogar dieses Gefühl. In diesem Genügen empfinden wir Freundlichkeit, Großzügigkeit und den Wunsch zu geben.

Was für ein schöner Kreislauf! Je dankbarer man ist, desto stärker die Bereitschaft zu geben, und je mehr man gibt, desto mehr bekommt man – Liebe, Freundschaft, das Gefühl, dass man sinnvoll handelt und etwas damit bewirkt, manchmal sogar materielle Güter.

Es muss kein ausgefallenes, teures Geschenk sein. Ein dankbares Herz wird uns überall Gelegenheiten zum Geben zeigen: eine Blume aus dem Garten für eine Kollegin, ein freundliches Wort zu unserem Kind, ein Besuch bei einem alten Menschen. Ihnen wird ohne weiteres allerlei einfallen.

Dankbarkeit verbindet uns mit allem Lebendigen

Ich empfinde diese Verbundenheit, diesen seltsamen Einklang am deutlichsten bei mächtigen Kiefern, ein bisschen weniger bei Zuckerahorn, Buche oder Eiche. Die Kiefern und ich, wir haben eindeutig dieselbe Wellenlänge. Was ich den Bäumen zurückgebe, weiß ich wirklich nicht. Ich hoffe aber, dass sie etwas bekommen, denn Bäume gehören zu meinen besten Freunden.

ANNE LABASTILLE

In ihrem Buch *Auf der Suche nach dem verlorenen Glück* (C.H. Beck Verlag) schildert Jean Liedloff, wie sie als Achtjährige einmal diese tiefe Verbundenheit erlebte, von der Anne Labastille spricht: »Das Ereignis trug sich zu auf einer Wanderung in den Wäldern von Maine, wo ich in einem Sommerzeltlager lebte. Ich war die Letzte der Gruppe, ich war ein wenig zurückgeblieben und beeilte mich gerade, den Abstand aufzuholen, als ich durch die Bäume hindurch eine Lichtung erblickte. Eine prächtige Tanne stand an ihrem Außenrand und in der Mitte ein kleiner Erdhügel, bedeckt von glänzendem, fast leuchtendem, grünem Moos. Die

Strahlen der Nachmittagssonne fielen schräg auf das blauschwarze Grün des Nadelwaldes. Das kleine Dach, das vom Himmel zu sehen war, war von vollkommenem Blau. Das ganze Bild war von einer Vollständigkeit, einer solchen Vollkommenheit konzentrierter Kraft, dass es mich abrupt stehen bleiben ließ. Alles war an seinem Platz – der Baum, die Erde darunter, der Felsen, das Moos. Im Herbst würde es richtig sein; im Winter unterm Schnee vollkommen in seiner Winterlichkeit. Der Frühling würde wiederkehren und Wunder auf Wunder sich entfalten, jedes zu seiner Zeit; manches wäre abgestorben, anderes würde in den Strahlen der wärmenden Sonne zum Leben erwachen; aber alles von gleicher und vollkommener ›Richtigkeit‹ sein.

In jener Nacht im Lager rief ich mir die *Lichtung* ins Gedächtnis zurück und dabei erfüllte mich ein Gefühl der Dankbarkeit und ich erneuerte meinen Schwur, mir meine Vision zu bewahren.«

»Mit jedem Blatt ein Wunder ...«, schreibt Walt Whitman in seiner poetischen Huldigung des Flieders und er meint wohl dies: In tiefer Dankbarkeit nehmen wir zu allem Lebendigen Verbindung auf und erkennen das Wunderbare im größten Baum und im kleinsten Krabbeltier.

Solch ein Gefühl der Verbundenheit ist reine Freude. Es

räumt unseren menschlichen Belangen gerade so viel Bedeutung ein, wie sie wirklich haben; es weckt in uns den Wunsch, alles in unserer Macht Stehende zu tun, um die Naturwunder der Erde zu schützen und zu bewahren – alle, nicht nur die, von denen wir einen Nutzen haben. So lässt Dankbarkeit also auch ein ebenso sensibles wie tätiges Umweltbewusstsein entstehen, als Ausdruck der bewusst gewordenen Verbindung zwischen uns und allem Kriechenden, Krabbelnden, Wogenden und Kletternden. Wir erkennen, dass wir nicht außerhalb des großen Gewebes alles Lebendigen leben können, das uns liebevoll umfangen hält. Wir geloben, uns für die Unversehrtheit dieses Gewebes einzusetzen.

Dankbarkeit als Religion

Sprächest du dein Leben lang nur dieses eine Gebet,
»Danke«, so würde es doch genügen.

MEISTER ECKHART

Marjory war einmal »Goldschmiedin der Stars«. Sie fertigte Unikate – Ringe und ausgefallene Schmuckstücke verschiedener Art – für Größen wie Tina Turner. Ihr Geschäft blühte und sie ließ es sich wirklich gut gehen. Dann schoss jedoch der Goldpreis in die Höhe und sie machte Pleite und lebte danach ganz zurückgezogen in einer kleinen Hütte. Aber Selbstmitleid war überhaupt nicht ihre Sache.

Sie sah sich nach einem neuen Job um und flog zu einem Vorstellungsgespräch in eine fremde Stadt. Im Flieger saß sie neben Paul, einem reizenden baptistischen Teenager aus South Carolina, der sich auf dem Weg nach China befand. Nun kommt man bei Marjorie sehr schnell dahinter, dass ihre religiösen Neigungen stark von der Esoterik geprägt sind, zumal sie einem sofort ihr Horoskop erklärt. Die beiden plauderten munter drauflos, als Marjory den spektakulären Sonnenuntergang bemerkte, dessen Goldglanz und Rottöne den Pazifik in Bernsteinglas verwandelten. »O Gott, sieh dir das an! Ist das schön!«, rief Marjory und die Augen gingen ihr über.

Paul wandte sich ihr zu und fragte in feierlichem Ernst: »Wer ist Ihr Gott?«

Marjory, völlig überrumpelt, erwiderte, ihr Gott sei einfach Gott und sie mache sich nicht viele Gedanken, wo er nun herkomme. Der junge Mann wollte das aber genauer wissen: War ihr Gott der Vater seines Erlösers Jesus Christus? Marjory konnte ihn nur mit glasigem Blick anstarren und dann geschah ein kleines Wunder.

Paul begann den 23. Psalm zu zitieren, ein herrliches Stück biblischer Poesie über die Schönheit des Hauses, das Gott uns erbaut hat. Marjory und alle anderen in Hörweite wurden augenblicklich ganz ruhig und betrachteten den Sonnenuntergang mit neuen Augen, die staunend und dankbar das Wunder dieser Welt wahrnahmen.

Wer oder was Ihr Gott auch sei – liebender Vater oder nährende Mutter, Schöpfer, die Höhere Kraft, der Geist der Güte und Barmherzigkeit –, am schnellsten verbinden Sie sich mit ihm/ihr, indem Sie Ihrer Dankbarkeit Ausdruck geben. Mit Dankbarkeit antworten wir jemandem, der uns etwas schenkt, und wenn unser Dank sich auf mehr bezieht als die

Geschenke, die wir von anderen erhalten, danken wir eigentlich der Großen Kraft für alles, was wir bekommen – Nahrung, Unterkunft, den herrlichen Sonnentag, das Leben selbst. Wir bedanken uns und dabei vereinigt sich unser Geist mit dem Großen Geist zum Tanz des Wechselspiels von Geben und Nehmen.

Besonders liebe ich den Ausdruck, den dieses Wechselspiel in der indianischen Spiritualität findet. Bevor man irgendeinem Wesen das Leben nimmt, einem Tier oder Baum, bittet man den in diesem Wesen lebenden Geist um Erlaubnis und sagt Dank für seine Bereitschaft, sein Leben zu opfern. Manchmal macht man sogar ein kleines Gegengeschenk von Maismehl oder Tabak. So bekräftigt man, dass auf beiden Seiten etwas gegeben und empfangen wurde.

Dankbarkeit macht uns empfänglich für Augenblicke der Gnade

Kein Mensch kann sich all die nicht gesehenen und nicht sichtbaren Wunder der Welt ausdenken oder vorstellen.

FRANCIS P. CHURCH

Morihei Ueshiba, der Vater des Aikido, erzählt, was ihm einmal widerfuhr, als er allein durch den Garten ging: »Mir war, als wäre plötzlich ein goldener Geist dem Boden entsprungen ... Geist und Körper verwandelten sich in Licht. Ich verstand das Tuscheln der Vögel, der Geist Gottes war mir deutlich bewusst ... der Geist des liebevollen Schutzes für alle Lebewesen. Freudentränen liefen mir übers Gesicht und wollten nicht enden. Seit damals empfinde ich die ganze Erde als mein Zuhause.«

Haben Sie das schon einmal erlebt: plötzlich außerhalb von Raum und Zeit zu sein und in den Strom des Universums einzutauchen, in dem es zwischen Ihnen und allem anderen keine Trennung mehr gibt und alles vollkommen richtig ist? Manche finden solche Augenblicke der Transzendenz durch

Meditation, andere in der Natur oder bei der Liebe. Ich habe Ähnliches als kleines Kind häufig erlebt, wenn ich im Frühling ganz für mich allein durch den eisigen Bach in der Nähe unseres Hauses stapfte.

Solche Augenblicke sind Geschenke einer seltenen Art. Wir erfahren eine ungeheure, ekstatische innere Weitung, und solange sie anhält, ist mit uns selbst und der Welt alles in Ordnung. Solche Augenblicke der Gnade sind so groß und wunderbar, dass viele spirituelle Sucher ihnen ein Leben lang nachjagen. Häufig wird der Wunsch, diese Weite und Offenheit zu fühlen, zum Anlass für den Gebrauch bewusstseinsverändernder Drogen.

Aber ich glaube nicht, dass man viele Jahre meditieren oder Drogen nehmen muss, um eine Erfahrung der Transzendenz zu machen. Lassen Sie sich nur ganz auf Dankbarkeit ein und die Chancen, dass Ihnen die Gnade zuteil wird, stehen gut. Ich bin sogar sicher, dass die Wirkung von Meditation und Drogen zum Teil eben darin besteht, dass sie die Widerstände gegen die ganze Tiefe der Dankbarkeitserfahrung durchbrechen.

Solche magisch-mystischen Erlebnisse lassen sich nicht herbeizwingen. Aber wir können uns auf sie einstimmen, indem wir dankbar die Wunder auskosten, die wir jetzt schon erleben. Eine dankbare Seele, sagt Emily Dickinson, »steht immer einen Spalt offen, ganz bereit für die ekstatische Erfahrung«.

3

Die Spielarten der Dankbarkeit

Keine Technik kann unsere Entwicklung und Transformation besser fördern als ein Sinneswandel.

John Welwood

Auf dem nächsten Abschnitt unseres Weges werden wir betrachten, welche Einstellungen und Überzeugungen das Gefühl der Dankbarkeit in uns bestärken. Einstellungen sind das, wovon unser Handeln ausgeht, und John Welwood sagt wohl, dass wir außen erst etwas ändern können, wenn wir unser Denken grundlegend erneuert haben, wenn wir uns und die Welt anders sehen gelernt haben. Dabei kommt uns zustatten, dass es uns wirklich freisteht, das Glas als halb voll und nicht als halb leer zu sehen. Diese Entscheidung wird nicht nur uns und unsere Umgebung glücklicher machen, sondern unserem Leben eine ganz neue Richtung geben.

Das Leben ist ein Wunder

Der Zen-Meister Linji sagte, nicht das Gehen über glühende Kohlen oder durch die Luft oder auf dem Wasser sei das Wunder, sondern das schlichte Gehen auf der Erde, das sei das Wunder. Du atmest ein. Dir wird bewusst, dass du lebendig bist. Du lebst noch und gehst über diese wunderbare Erde ... Das größte aller Wunder ist das Lebendigsein.

Thich Nhat Hanh

Thich Nhat Hanh ist ein buddhistischer Mönch aus Vietnam, der jetzt in Frankreich im Exil lebt. Während seiner Jugend in Vietnam war er Bedrängnissen und Schicksalsschlägen aller Art ausgesetzt. So kam es immer wieder vor, dass Angehörige oder Freude mal von französischen, mal von amerikanischen, mal von vietnamesischen Streitkräften getötet wurden. Ein Waisenhaus, das er aufgebaut hatte, wurde bombardiert. Dennoch verkörpert dieser Mann wie kaum jemand anders Freude und gelebte Dankbarkeit. Wenn man ihn fragt, wie er sich angesichts all dieser Schwierigkeiten so viel Frieden und Liebe bewahren konnte, dann erzählt er, er habe sich jeden Morgen gefragt, was es diesem Tag wohl Verlässliches gebe.

Manchmal war es nur der blaue Himmel und die braune Erde und der Umstand, dass er immer noch atmete. Er blieb einfach dabei, sich die guten Dingen vor Augen zu halten, und wenn es noch so wenige waren. So konnte er immer darauf zurückgreifen, dass er zumindest im Augenblick noch lebendig war in dieser wunderbaren Welt. »Leiden allein ist nicht genug«, sagt er. »Das Leben ist furchtbar *und* schön. Wie sollte ich lächeln, wenn ich nur lauter Kummer in mir hätte? Lächeln ist so natürlich; du musst deinem Kummer zulächeln, denn du bist mehr als dein Kummer.«

In Buddhismus und Sufismus ist viel vom »Aufwachen« die Rede. Gemeint ist, glaube ich, dass wir dann wirklich lebendig sind, wenn wir Augenblick für Augenblick aufmerksam leben: Wir nehmen wahr, dass wir einatmen, dass wir ausatmen; wir nehmen wahr, wie wir kauen und schlucken, wie wir beim Gehen einen Fuß vor den anderen setzen. Bewusst Ihren kleinen Sohn wahrnehmen, bewusst die Wirkung Ihrer Worte auf eine Kollegin oder das Gefühl der über Kreuz liegenden Füße wahrnehmen.

Das Aufwachen, so hören wir von den spirituellen Lehrern, geschieht nicht plötzlich ein für alle Mal, sondern ist ein Prozess: Wir müssen immer wieder aufwachen, sooft wir merken, dass wir das Wunder des Lebendigseins nicht mehr wahrnehmen; sobald wir merken, dass wir vergessen haben, sind wir wieder offen und empfänglich für das Wunder. Und in den Augenblicken, in denen wir das schlichte Wunder des Lebendigseins wirklich wahrnehmen, sind wir dankbar, unabhängig von den äußeren Umständen.

In besonders schwierigen Zeiten gehe ich ähnlich vor wie Thich Nhat Hanh: Bevor ich morgens aufstehe, frage ich mich, worauf ich an diesem Tag äußerlich und innerlich zählen kann – dass ich ein Dach über dem Kopf und genug zu essen auf dem Tisch habe, dass ich meine Freundinnen und Freunde liebe und mich auf sie verlassen kann.

So tun Sie etwas gegen sorgenvolle Gedanken und geben der Dankbarkeit eine Chance; natürlich müssen Sie wirklich bei den Dingen bleiben, auf die Sie sich für diesen Tag verlassen wollen. Wenn ich an mein Haus denke, drängt sich schon mal der Gedanke dazwischen: »Ja, heute habe ich es, aber was, wenn ich es mir morgen nicht mehr leisten kann oder ein Erdbeben …« Dann unterbreche ich mich und sage mir: »Bleib doch einfach beim heutigen Tag. Worauf kannst du heute zählen?« Wenn wir gegenüber dem Wunder des Lebendigseins eine Haltung dankbarer Wertschätzung beibehalten, werden wir den Herausforderungen des Lebens, wenn sie dann kommen, mit Ruhe und Stärke begegnen können.

Eine freundliche Welt

Einstein wurde einmal gefragt, was aus seiner Sicht die wichtigste Frage sei, die ein Mensch sich stellen müsse. Er sagte: »Ist dies ein wohlwollendes Universum oder nicht?«

JOAN BORYSENKO

Den größten Teil meines Lebens habe ich der Gilde der Schwarzseher angehört: »Pass bloß auf, du ahnst ja nicht, was alles passieren kann, wenn du nicht ständig wachsam bist!« Da versteht es sich vermutlich von selbst, dass ich mein Leben lang an chronischer Verspannung der Rücken- und Halsmuskulatur gelitten habe, weil unter solchen Bedingungen auch der Körper jederzeit mit Ungemach rechnet und voller Abwehrspannung ist. Mit vierundvierzig hatte ich das Ganze endlich satt. Ich mochte einfach nicht mehr ständig auf die Wendung zum Bösen warten, ich mochte mich nicht mehr angstvoll einziehen, anstatt voller Erwartung und offen zu sein. Da fasste ich den Entschluss, künftig so zu leben, als sei dies eine freundliche Welt.

Ich habe mich jetzt über ein Jahr mit Einsteins Frage beschäftigt und bin zu der Überzeugung gelangt, dass wir mit unserer Antwort festlegen, ob wir glücklich und froh sind oder nicht, ob wir leicht in eine Haltung der Dankbarkeit kommen können oder nicht. Wenn wir dieses Universum als freundlich gesinnt erleben, sehen wir das Leben auf unserer Seite und können glauben, dass uns Gutes widerfahren wird. Schwierigkeiten und unangenehme Erfahrungen sehen wir dann als »Schlaglöcher« auf dem Weg, durch die wir klüger und heiler und liebevoller werden können. Mit solch einem Weltbild ist Dankbarkeit etwas ganz Natürliches, eine Instinktreaktion auf die reiche Fülle und Großzügigkeit, von der wir uns umgeben sehen.

Ganz anders, wenn wir die Welt als grundsätzlich unwirtlich erleben: Dann werden wir unser Leben als ewiges Ringen mit allen erdenklichen Widrigkeiten erfahren. Wir glauben, dass unangenehme Dinge entweder zufällig passieren oder uns absichtlich geschickt werden, um uns zu quälen; dass wir uns auf nichts verlassen können und daher ständig gegen die nächste Krise gewappnet sein müssen und nur ja nichts aus der Hand geben dürfen. Dankbarkeit hängt dann sehr von den Umständen ab. Wenn die Dinge gut laufen, sind wir dankbar – vielleicht; wir rechnen immer damit, dass das Unheil schließlich doch seinen Lauf nimmt und alles wieder verschwindet.

Auch mir gelingt es nicht immer, an die Freundlichkeit des Universums zu glauben. Ausfälle kommen vor allem dann vor, wenn es mit den Finanzen nicht so richtig läuft. In so einem Fall hole ich mir den Zettel heraus, auf dem ich mir eine Weisheit der Inuit notiert habe: »Was der Welt innewohnt, ihre Seele, ist nirgends zu sehen; nur ihre Stimme hört man. Wir wissen, dass es eine sanfte Stimme ist, wie die einer Frau, eine so schöne Stimme, dass sogar Kinder sie nicht fürchten. Und sie sagt: ›*Sila ersinarsinivdluge* – Fürchte dich nicht vor dem Universum.‹« So erinnere ich mich daran, dass die Dinge in der Regel ganz ordentlich laufen, wenn ich auf das Wohlwollen des Universums setze. Und wenn sie mal nicht so gut laufen, fühle ich mich in diesem Vertrauen doch erheblich besser und bin auch für andere viel genießbarer.

Zwanglose Dankbarkeit

Unser Ziel ist niemals ein Ort, sondern eine neue Sicht der Dinge.

Henry Miller

Auf keine andere Art kann man uns Dankbarkeit so gründlich austreiben wie damit, dass man uns zur Dankbarkeit anhält. Es gibt natürlich notwendige Ermahnungen, zum Beispiel in der Erziehung der Kinder; Kinder lernen nicht einfach nur durch Beispiel, sondern durch Beispiel *und* entsprechende Anleitung. Geht es jedoch darum, Dankbarkeit als lebendige Kraft in unserem Leben zu erfahren, sind Schuldgefühle tödlich, ganz gleich, ob sie von innen kommen oder uns von außen auferlegt werden.

Wir sind vermutlich alle schon einmal von jemandem zur Dankbarkeit ermahnt worden – vielleicht tun wir es auch selbst. Beides ist gleichermaßen ungeeignet, eine Haltung der Dankbarkeit in uns zu fördern. Aus meiner Sicht entsteht Dankbarkeit auf zweierlei Art: als ein spontanes inneres Aufwallen vor dem Wunder des Lebens und all seinen vielen Facetten oder durch die bewusste Entscheidung, sich immer wieder das anzuschauen, was im eigenen Leben richtig läuft, anstatt nur ständig auf das Fehlende zu starren. Durch Gewissensbisse jedenfalls kommen wir nie zur Dankbarkeit. Wenn es um Antrieb, um Motivation geht, sind Schuldgefühle denkbar hinderlich. Schuldgefühle geben uns allenfalls den Antrieb wegzulaufen vor dem, was nicht in Ordnung ist und was wir am liebsten gar nicht erst anschauen würden.

Ich sage das, damit Sie nach der Lektüre dieses Buchs nicht den Eindruck gewinnen, Sie *müssten* jetzt Dankbarkeit empfinden. Ich möchte uns allen vielmehr Mut machen, unser Herz zu öffnen und so viel Dankbarkeit zu empfinden, wie wir können. Allerdings weiß ich auch, dass es Tage gibt, da kann ich mich mühen, wie ich will, und bin doch nicht in der Lage, für *irgendetwas* dankbar zu sein. Wenn das auch bei Ihnen manchmal so ist, dann nehmen Sie es sich nicht übel. Je mehr Sie das, was tatsächlich der Fall ist, so sein lassen, wie es ist, statt sich mit Ermahnungen wie »ich müsste doch können« zu plagen, desto eher schaffen Sie einen Raum in Ihrem Herzen, in den die Dankbarkeit dann still und heimlich eintreten kann.

Mit der Taschenlampe im Garten

In dir und außerhalb brauchst du nie etwas zu ändern an dem, was du siehst. Nur an der Art, wie du es siehst.

THADDEUS GOLAS

Ich habe meinen Vater eine Woche vor seinem Tod im Krankenhaus besucht. Er litt seit Jahren an Emphysem, war bettlägerig, konnte sich kaum noch bewegen und musste ständig mit Sauerstoff und Medikamenten versorgt werden. Bei einer Größe von beinahe einem Meter neunzig wog er nur noch neunundfünfzig Kilo und konnte fast nur noch Eis zu sich nehmen, weil alles andere zu schwierig war. Jeder Atemzug war ein Kampf. Ich fragte ihn, ob solch ein Leben es noch wert sei, dass man sich derart plagte. »Ich bin immer noch gerne lebendig«, sagte er. »Manchmal geht das Atmen ein bisschen leichter und dann genieße ich es, nur einfach mal ruhig zu atmen. Außerdem lese ich immer noch gern die Comics in der Zeitung und sehe mir im Fernsehen die Sportsendungen an. An meinem Leben ist nichts auszusetzen.« Kein Wort über alles, was er verloren hatte, und all das, was er nie wieder würde tun können.

Um einen Vortrag vorzubereiten, erörterte ich einmal mit meiner Freundin Dawna Markova, wie man am besten über die Kraft der Dankbarkeit sprechen kann. Sie hat ein Händchen für Metaphern und Metaphern sind ja ein wunderbares Medium, wenn es die Dinge auf ganz neue Weise zu betrachten gilt. Was Dawna sagte, begleitet mich seitdem ständig: »Dankbarkeit ist wie eine Taschenlampe. Wenn du nachts in deinen Garten gehst und die Taschenlampe anmachst, siehst du plötzlich, was da ist. Es war vorher auch schon da, aber du konntest es in der Dunkelheit nicht sehen.«

Genau! Dankbarkeit wirft Licht auf das, was schon da ist. Man hat nicht unbedingt mehr oder etwas anderes, aber plötzlich sieht man wirklich, was da ist. Und weil man es sehen kann, nimmt man es nicht mehr einfach als gegeben. Du stehst in deinem Garten und dann merkst du plötzlich: Oh, da spitzt ja schon die erste Frühlingsblüte durch den Schnee; oh, ein Reh tritt aus dem Gestrüpp; oh, da ist ja der Messbecher, mit dem deine Tochter Sandkuchen »gebacken« hat und den du schon vermisst hast. Es ist nur dein Garten, der genauso ist wie immer, aber plötzlich bist du glücklich, dankbar und froh.

So hat es mein Vater gemacht. Er richtete das Licht der

Dankbarkeit auf sein Leben; er hielt sich an das, was er hatte und was gut war.
Das Schöne an der Dankbarkeitstaschenlampe ist, dass man sie zu jeder Tages- und Nachtzeit benutzen kann, wo und unter welchen Umständen auch immer. Ob wir jung oder alt, dick oder dünn, arm oder reich, krank oder gesund sind – sie funktioniert immer. Wir müssen sie nur anknipsen.
Verschiedene Menschen brauchen unterschiedliche Anstöße, um sich zu diesem Anknipsen durchzuringen. Ein bekannter Chirurg, der an einem einwöchigen Workshop teilnahm, antwortete auf die Frage, was ihn in den vergangenen Tagen überrascht oder begeistert habe: »Gar nichts.« Er hatte sich wohl auf Zynismus verlegt. Etwas störte ihn allerdings. Er wusste, dass er bei dem Einschätzungstest zu Beginn des Seminars sehr mäßig abgeschnitten hatte, und er war zugleich der Typ, der immer ganz vorneweg sein muss. Da fing er an, sich nach Dingen umzusehen, die er dann als Erfolgsmeldung präsentieren konnte. Am Ende der Woche war er wieder ganz Feuer und Flamme für das Wunder des Lebens – und es war echt. Auch den anderen Teilnehmern fiel der Unterschied auf.

Es ist alles kostenlos

Das ist es, was alle Menschen und alles Geschaffene verbindet – dass für dieses Geschenk des Daseins nichts verlangt wird.

MATTHEW FOX

Eine der Autorinnen des Buchs *Mut zur Langsamkeit* (Integral Verlag) schreibt: »Mein einziger Sohn starb vor fünf Jahren, als er viereinhalb war. Manches ist mir durch seinen Tod zuteil geworden und das Erste war die Möglichkeit, aus der ewigen Hetze auszusteigen. Im ersten Jahr überließ ich mich der Trauer, sooft es nötig war, und ich öffnete mich für all das Heilende, das uns in dieser unglaublichem Welt umgibt. Ich hatte Zeit für eine Umarmung und für Gespräche mit Freunden. Ich hatte Zeit in Hülle und Fülle für all die lieben Erinnerungen aus viereinhalb Jahren.

Heute kann es durchaus sein, dass ich alles liegen lasse, wenn ich von meinem Büro aus sehe, wie sich ein Regenbogen über die Bay wölbt oder eine Flaumfeder vom Himmel zu mir herunterschwebt oder ein Kinderlachen bei McDonald's mir die Tränen in die Augen treibt.

Ich sehe deutlich, was für ein Glück es ist, meinen Sohn für diese Zeit gehabt zu haben, so kurz sie auch war. Ich bin froh, um die Bedeutung mancher Augenblicke zu wissen, die einen ergreifen und vielleicht nicht noch einmal kommen.«

Dankbarkeit, das »große Genügen«, wie David Steindl-Rast es nennt, »ist das, womit das menschliche Herz antwortet, wenn es erkennt, dass alles geschenkt ist«. Zusammen mit Matthew Fox macht er uns darauf aufmerksam, dass buchstäblich jede Kleinigkeit, die wir haben, uns geschenkt ist – nicht weil wir es verdienten, sondern einfach so, ohne erkennbaren Grund: gratis. So ist es für alle Lebewesen. Wir sind miteinander und mit Himmel, Wasser, Baum und Schlange verbunden, weil wir alle zum Rad des Lebens gehören. Was wir uns auch als Ursprung all der Gaben vorstellen – einen Gott oder den großen Zufall des Big Bang –, unser Menschsein oder die Haut einer Eidechse, der Rosenduft, das Himmelsblau sind unglaubliche Geschenke. Keiner von uns – Biene, Blume oder Mensch – hat irgendetwas getan, um sich diese Geschenke zu verdienen, und es wird nicht einmal eine Gegenleistung von uns verlangt.

Wenn uns beim Anblick einer Blumenwiese oder vielleicht beim Schwimmen in herrlich warmem Wasser oder beim Klang der schmerzhaft schönen Stimme Billie Holidays jäh bewusst wird, dass all das geschenkt und an keine Bedingung

geknüpft ist, bricht sich die Dankbarkeit ganz von selbst und mühelos in uns Bahn. Wir sind einfach dankbar und müssen nicht erst darum ringen.
In solchen transzendenten Augenblicken nehmen wir bewusst unseren Platz im großen Rad des Lebens ein und erkennen unsere Verbundenheit untereinander und mit der gesamten Schöpfung. Mehr noch, wir werden Teil von allem, wir erleben, dass es keine Trennung gibt zwischen uns und allem anderen, das wir hören, sehen oder fühlen.
Dann wird das Herz ganz weit und nimmt all die Liebe, Schönheit und Freude auf, die jederzeit und unter allen Umständen für uns bereitstehen. Das dankbare Herz lässt uns mit dem Ganzen verschmelzen und zeigt uns, wo wir daheim sind.

Gewohnheiten des Herzens

In Beziehung zu anderen ist das Danksagen einfach gutes Benehmen. In Beziehung zu uns selbst ist Dankbarkeit eine Gewohnheit des Herzens und ein spiritueller Weg.

DAPHNE ROSE KINGMA

Als junge Frau habe ich von Daphne Rose Kingma eine Menge über Dankbarkeit gelernt. Wir arbeiteten gemeinsam an Büchern und ich konnte immer wieder beobachten, wie sie ganz persönliche Beziehungen zu Menschen aufnahm, deren Weg den ihren zufällig kreuzte – das konnte ein Müllmann, jemand von der Telefonauskunft oder der Inhaber des kleinen Stehcafés an der Ecke sein. Was auch in ihrem eigenen Leben gerade los war und wie gehetzt oder aufgeregt sie auch sein mochte, stets nahm sie sich Zeit, auf die Menschen einzugehen. So hörte ich einmal zu, wie sie sich telefonisch ein Flugticket reservieren ließ. Im Verlauf des Gesprächs erfuhr sie, wie die Frau am anderen Ende hieß, wo sie wohnte und dass sie, wie Daphne, rasante Stöckelschuhe liebte. Und Daphne zeigte sich so von Herzen dankbar für die Hilfsbereitschaft der Frau, dass diese sich wie in Liebe gebadet fühlte. Da wurde mir klar, dass Dankbarkeit zwar ein Gefühl ist, aber eines, das man ausbilden kann. Ich nahm mir vor, es Daphne gleichzutun (bin aber darin auch heute noch nicht so gut wie sie).

Mich fasziniert das Kommen und Gehen der Gefühle – wie Wellen im Meer unseres Bewusstseins. Glück, Ärger, Angst, Liebe, Dankbarkeit: Sie stellen sich auf irgendwelche äußeren oder inneren Auslöser hin ein und legen sich dann wieder. Wir ärgern uns und dann ist der Ärger vorbei. Wir sind verliebt und dann wieder nicht. Wir empfinden Dankbarkeit und dann verfliegt das Gefühl. Diese »Gezeiten« des Fühlens erkennt man besonders leicht an Kindern, bei denen die Gefühle einander so schnell und unzensiert ablösen. Eben noch schreit meine Tochter in höchsten Tönen, weil ich aus dem Zimmer gegangen bin, doch kaum komme ich zurück und nehme sie auf den Arm, ist sie auch schon wieder eitel Sonnenschein.

Wenn wir größer werden, müssen wir über dieses rein emotionale Reagieren auf das Leben hinausgehen und positive Emotionen zu »Herzensgewohnheiten« heranzubilden lernen. Wir müssen mit anderen Worten lernen, auch dann zu lieben, wenn uns gerade nicht liebevoll zumute ist; auch dann freundlich zu sein, wenn wir lieber mürrisch wären;

auch dann Dankbarkeit zu empfinden, wenn uns überhaupt nicht danach ist. So verwandeln wir Gefühle, die ansonsten einfach kommen und gehen würden, in bewusste Einstellungen, von denen wir unser Handeln leiten lassen können, auch wenn uns eigentlich gerade anders zumute ist. Unsere Einstellungen sind die geistige Haltung, die wir gegenüber dem Leben einnehmen. Von ihnen hängt sehr viel ab, denn sie sind gleichsam die Brille, durch die wir die Welt betrachten. Ist diese Welt wunderbar oder ein Jammertal? Jeder weiß, dass die Antwort auf diese Frage von der Einstellung abhängt, die wir jeweils gerade haben. Ändert die Welt sich, wenn unsere Antwort mal so und mal so lautet? Was sich ändert, ist wohl doch eher unser Denken. Wir können die Welt buchstäblich »neu machen«, wenn wir uns positive Einstellungen angewöhnen, die von Liebe, Freude und Dankbarkeit geprägt sind. Unsere Welt ist dann eine andere, weil wir unsere Einstellung zu ihr geändert haben.

Das besonders Schöne an einer Haltung der Dankbarkeit besteht darin, dass sie uns augenblicklich mit allem anderen verbindet. Sie ist das Erkennen der Verbindung zwischen uns und allem Leben, eine Art Schalter: Wenn wir ihn bewusst betätigen, fließt der Strom, und je dankbarer wir sind, desto reicher empfinden wir die Fülle des Lebens.

Es ist wirklich etwas Seltsames um diese Beziehung zwischen Einstellungen und Gefühlen. Je entschlossener wir die Einstellung leben, auch wenn wir das entsprechende Gefühl gerade nicht haben, desto eher wird uns dieses Gefühl dann doch zugänglich. Je liebevoller wir uns verhalten, desto mehr Liebe empfinden wir. Je mehr Freude wir ausstrahlen, desto mehr Freude kommt auch zu uns. Und je dankbarer wir sind, desto deutlicher erfahren wir den Reichtum des Geistes, den Dankbarkeit erzeugt.

die wir in Konzentrationslagern gelebt haben, ı uns an Menschen, die durch die Barracken gingen un.. ndere trösteten und ihr letztes Stück Brot hergaben. Es waren vielleicht nur wenige, aber genug als Beweis für die Tatsache, dass man einem Menschen alles außer einem nehmen kann, alles außer dieser letzten Freiheit: unter allen denkbaren Umständen selbst zu bestimmen, welche Haltung man ihnen gegenüber einnimmt.

VICTOR FRANKL

Meine Freundin Annette braucht eine Nierentransplantation. Alle, die sie kennen, staunen über ihre Grundhaltung von Dankbarkeit. Als sie ihre Diagnose bekam, versank sie nicht etwa in »Ach, ich Arme«, sondern konzentrierte sich darauf, die Bedingungen für eine weniger invasive Dialysemethode zu erfüllen. Als sie mich vom Stand der Dinge unterrichtete, verkündete sie strahlend: »Ich bin so dankbar. Vier Leute haben sich für die Tests zur Verfügung gestellt, nach denen entschieden werden kann, ob sie als Spender in Frage kommen. Ist das nicht großartig! Vier Leute sind bereit, mir eine Niere zu schenken. Ich hätte das niemals erwartet!«

Neulich fiel mir Annette wieder ein, als ich bei einer Autofahrt einen Aufkleber sah, auf dem stand: »Es gibt nur eine Behinderung: deine Einstellung.« Das war sicher als eine Stellungnahme für Behindertenrechte gemeint, aber ich sah plötzlich mehr darin: Was wir über unser Leben denken, unsere Einstellung, kann uns befähigen oder behindern. Wie so viele spirituelle Lehrer sagen, können wir an unseren Lebensumständen möglicherweise nicht viel ändern, aber es liegt ganz bei uns, was wir über unsere Lebensumstände denken und welche Bedeutung wir ihnen geben. Unter welchen Bedingungen wir auch leben, und seien sie so furchtbar wie in einem Konzentrationslager, wir können trotzdem den Blick für das Positive behalten und durch unsere Einstellung alles ändern.

So mag Annette zwar krank sein, aber ihre Dankbarkeit sorgt dafür, dass sie nicht »behindert« ist. Durch Dankbarkeit verbessert sie ihre Erneuerungs- und Erholungsfähigkeit und das geschieht, wie Joan Borysenko sagt, »wenn wir uns einmal aus unserem alten Dreh- und Angelpunkt heben, um das Leben von einer höheren Warte aus zu sehen«. Sie zieht allerlei hilfsbereite Menschen an, von den möglichen Organspendern über Energieheiler und Kollegen, die bereit sind, ihren Überstundenausgleich auf sie zu übertragen, bis hin zu Leuten, die in der Genesungszeit für sie kochen und sauber machen möchten. Wir sind alle gern in ihrer Nähe, weil sie eine so wunderbare Lehrerin für Dankbarkeit und Fröhlichkeit ist.

Mehr als jeder andere Mensch hat sie mir gezeigt, dass Dankbarkeit eine Haltung ist, die wir bewusst wählen können, unter welchen Bedingungen auch immer. Wir können auf das Negative starren und uns einer Abwärtsspirale des düsteren Brütens überlassen. Wir können uns aber auch auf das sammeln, was in jeder Situation trotz allem noch gut ist, und dann werden wir ein Leuchtfeuer der Liebe und Freude.

Genug ist genug

Das Geheimnis des Lebens liegt darin zu wissen,
wann genug genug ist.

VINCENT RYAN

Das war der Lieblingsspruch meines Vaters in seinen letzten Jahren und eines der letzten Dinge, die ich vor seinem Tod von ihm hörte. Ich dachte damals daran, mein Haus zu verkaufen und in ein kleineres zu ziehen, und das war sein Kommentar zu dieser Angelegenheit.

Darin lag auch eine gewisse Ironie, denn er war vierzig Jahre lang Arzt gewesen und jetzt lag er da, röchelnd und keuchend und kaum noch fähig zu sprechen, todgeweiht, weil er zu viel geraucht hatte. Doch wenn er die Lektion auch spät gelernt hat, spricht das doch nicht gegen ihre Wahrheit. Und die zielt direkt auf die Frage der Dankbarkeit: Dankbarkeit gibt uns das Gefühl, genug zu haben, während Undankbarkeit uns in einem Zustand des Mangels hält, in dem wir stets auf der Suche nach etwas anderem bleiben.

Deshalb spielt das Einüben einer »Haltung der Dankbarkeit« bei den 12-Schritte-Programmen der anonymen Suchtkranken eine so große Rolle. So schreibt Emmet Miller im Buch *Dankbarkeit erfüllt mein Leben* (Alf Lüchow Verlag): »Dankbarkeit hat etwas zu tun mit dem Gefühl, erfüllt und ganz und gut genug zu sein: Wir haben alles, was wir brauchen und was uns zusteht; wir begegnen der Welt in dem Gefühl unseres eigenen Wertes.« Süchte aller Art entspringen einem Gefühl von Zuwenig, einem Gefühl von Mangel, das der Süchtige mit einem Stoff oder bestimmten Verhaltensweisen auffüllen zu können glaubt – Alkohol, Drogen, zwanghaftes Essen, Einkaufen, Sex. In diesem Mangel gefangen, füttern wir zwar das Bedürfnis, fühlen uns aber nie wirklich befriedigt, weil das gewählte Suchtmittel den Hunger natürlich nicht stillen kann. Folglich wollen wir mehr und immer mehr.

Es ist schon vielfach darauf hingewiesen worden, dass unsere Konsumgesellschaft nur existieren kann, weil sie dieses Gefühl, nie befriedigt zu sein, als Antrieb hat. Wären wir beispielsweise mit unserem Aussehen zufrieden, würden wir dann vielleicht Milliarden für Kosmetika und Schönheitsoperationen ausgeben? Oder für teure Autos, die uns angeblich ein Image verleihen, das wir nicht haben?

Eine Haltung der Dankbarkeit befreit uns aus der Tretmühle und vom Hauen und Stechen auf der Karriereleiter. Durch das Einüben echter und tiefer Wertschätzung dessen, was wir haben, wird uns offenbar, dass unser Gefühl des Mangels größtenteils pure Einbildung ist. Wir mögen finanziell gut oder schlecht gestellt sein, Glück beziehen wir letztlich doch nur aus dem Reichtum unserer Seele und nicht durch noch einen Martini oder größere Brüste oder das neueste Videospiel. Wie auch Laozi sagte: »Wer weiß, dass genug genug ist, wird immer genügend haben.«

Immer das erste Mal

Lass es neu sein.

Ezra Pound

Ich habe mal an einem Kongress über Beziehungen teilgenommen. Die meisten Redner waren Therapeuten mit hochkomplizierten Theorien über die Bedingungen einer guten Beziehung. Dann stand ein tibetischer Lama auf und sagte: »Ich kenne das Geheimnis, wie man Liebe lebendig hält. Es ist ganz einfach. Es gehört nichts weiter dazu, als sich so zu verhalten, als wäre man diesem Menschen gerade erst begegnet und verliebte sich in ihn. Wenn man einem Menschen begegnet, der einen interessiert, ist alles, was er tut, wunderbar. Man schaut ihn gern an, man hört mit Begeisterung, was er sagt. Selbst wenn dieser Mensch einem Country and Western Music vorspielt und man die eigentlich nicht ausstehen kann, wird man denken: ›Also, vielleicht ist Tammy Wynette doch nicht so übel.‹ Mit der Zeit ist dieser Mensch dann aber nichts Besonderes mehr für einen und man fängt an, sich über Tammy Wynette zu streiten. Der Kniff besteht also darin, den geliebten Menschen wieder neu zu sehen.«

Das brachte die Therapeuten auf die Barrikaden und sie hielten dem Lama vor, so etwas sei einfach zu schwierig und daher unrealistisch. Der Lama antwortete: »Oh, ich habe nicht gesagt, dass es leicht ist; ich sagte nur, dass es ganz einfach ist.«

Ich denke, dass er Recht hatte. Das Geheimnis der Liebe – und der Freude und der Dankbarkeit gegenüber dem Leben – liegt in der Fähigkeit, immer wie zum ersten Mal zu sehen, zu fühlen und zu hören: bevor die Gewohnheit ihre Schleier über den durchs Bürofenster sichtbaren klaren blauen Himmel, über die saftige Süße einer Orange, über die Weichheit der Hände des geliebten Menschen zieht, bevor du dich so sehr an ihre freundlichen Worte, sein klingendes Lachen gewöhnst, dass du sie nicht mehr bemerkst.

Don, mein Mann, wurde in jüngster Zeit darauf gestoßen, wie leicht wir doch für all die Wunder ringsum blind werden. Als wir Ana adoptierten, war an Schlaf kaum zu denken, so viel hatten wir zu tun, nur immer wieder und unter Tränen der Dankbarkeit in dieses friedliche kleine Gesicht zu schauen. Aber jetzt, kaum vier Monate später, ist Ana für Don, der den ganzen Tag mit ihr daheim verbringt, schon so zur Normalität geworden, dass seine überwältigende Dankbarkeit für ihr Vorhandensein in unserem Leben zu verblassen beginnt. »Ich fange an, mich zu langweilen«, sagt er. »Es ist Tag für Tag eigentlich immer das Gleiche. Aber ihr Hiersein ist heute nicht weniger wunderbar als vor vier Monaten oder als es in vier oder vierzig Jahren sein wird. Und wenn ich mich daran erinnere, wird mir sofort bewusst, dass ich für dieses Wunder blind zu werden beginne, und dieses Bewusstsein rüttelt mich auf und ich fühle wieder die Freude.«

Wenn wir leben können, als wäre alles immer das erste Mal – die erste Liebe, der erste lange Blick in das Gesicht des geliebten Menschen, die erste Portion Eis, das erste Mal, dass wir einen Vogel sahen –, dann müssen wir uns nicht mehr mühen, Dankbarkeit zu empfinden. Sie wird da sein, ganz von selbst, unsere spontane Antwort auf die Schönheit und die Fülle.

Wie viel dürfen wir haben?

Es gibt zwei Arten zu leben: so, als gäbe es keine Wunder, und so, als gäbe es nur Wunder.

Albert Einstein

Vor einiger Zeit erzählte mir jemand, der Evolutionsbiologe Jared Diamond habe auf die Frage eines Aborigine, »Wozu habt ihr all diesen Kram?«, ein Buch mit dem Titel *Arm und reich* (S. Fischer Verlag) geschrieben. Diamond nahm sich die Aufarbeitung der historischen Hintergründe vor, mich dagegen bedrängen die moralischen und spirituellen Fragen.

In der Tat, weshalb haben wir so viel Kram? Wir haben uns das ja nicht unbedingt verdient. (Und wer meint, wir hätten es uns doch verdient, begibt sich auf schlüpfrigen Boden und ist zu der Annahme gezwungen, dass andere, die unter Armut, Krankheit und Seuchen leiden, wohl so gehandelt haben, dass es ihnen ganz recht geschieht.) Mag ja sein, dass wir hart gearbeitet haben, um uns zu verschaffen, was wir jetzt haben, aber bei unserer Geburt sind wir einfach in diesem Leben aufgewacht und fanden uns ohne unser Zutun in angenehmeren materiellen Verhältnissen als die meisten anderen Menschen dieser Welt. Könnte es sein, dass wir uns in diesem Teil der Welt auch deswegen so schwer tun mit der Dankbarkeit, weil es uns unterbewusst Gewissensbisse macht, dass wir so viel haben, während andere darben müssen? Versuchen wir uns also zu verheimlichen, dass wir wirklich großes Glück gehabt haben?

Ich weiß noch, wie ich das erste Mal mit solchen Fragen konfrontiert wurde. Ich war ungefähr zwölf und schrieb einen Aufsatz. Wie das Thema lautete, weiß ich nicht mehr, jedenfalls schilderte ich, was für ein Glück ich doch hätte, dass ich im reichen Amerika und nicht in irgendeiner indischen Stadt lebte.

Ich weiß nicht, wie es Ihnen bei solchen Erinnerungen geht, mir jedenfalls ist unbehaglich zumute bei solchen kindlichen Worten. Zunächst einmal spricht eine gewisse kulturelle Selbstgefälligkeit daraus – aber woher will ich denn so sicher wissen, dass das hier ein besseres Leben ist? dass wir im Westen mehr Kram haben, bedeutet noch lange nicht, dass wir auch glücklicher wären.

Zum anderen erwächst mir aus dieser Erinnerung ein Gefühl, dass ich etwas Bedeutendes leisten muss, um weiterhin meine günstigen Lebensumstände zu verdienen, und nichts kann bedeutend genug sein. Und auf einer dritten

Ebene würde ich mein Glück am liebsten gar nicht bemerken oder es verleugnen, um mich nicht schuldig fühlen zu müssen.
Das sind komplexe Fragen und letztlich muss jeder in relativem Wohlstand Geborene für sich selbst entscheiden, was er zu tun hat. Ich möchte hier einfach nur eine Frage stellen: Besteht für uns in dieser Kultur die Möglichkeit, ganz von Herzen und ohne Schuldgefühle dankbar zu sein für alles, was uns geschenkt wurde? Und wenn nicht, käme es dann vielleicht darauf an, unsere Schuldgefühle zuzugeben, damit sie unsere Bereitschaft zur Dankbarkeit nicht ersticken?

Du bist es wert

Du bist ein Kind des Universums, nicht weniger als die Bäume und die Sterne. Du hast ein Recht, hier zu sein.

DESIDERATA

Meine Stieftochter hat für eine Woche in den Winterferien eine Collegefreundin in unser Haus eingeladen. Ich tat das, was man üblicherweise für Gäste tut: Ich legte saubere Bettwäsche und Handtücher bereit, stellte Blumen auf den Nachttisch, erkundigte mich, was sie gern aß und was nicht. Ich sorgte für einen Vorrat an Weißbrot und ließ beim Kochen die Zwiebeln weg. Beim Essen hielt ich das Gespräch in Gang und erkundigte mich nach ihren Interessen, ihrer Familie, ihren Hoffnungen und Träumen. Als die Woche um war, verabschiedete sie sich ohne irgendein sichtbares Zeichen von Dank. Kein Wort, nicht einmal schriftlich, kein Geschenk, kein Anruf.

Natürlich habe ich sie nicht bei mir aufgenommen, damit sie mir dankte, und ich war nicht einmal gekränkt. Vielmehr fesselte mich die Frage, woher solch ein Mangel an Dankbarkeit wohl kommen mag. Ich sprach mit meiner Stieftochter darüber und sie erzählte, sie habe es mit dieser Freundin wirklich schwer, weil sie so gar kein Selbstwertgefühl besitze. »Ich hatte den halben Tag nichts weiter zu tun«, seufzte sie, »als ihr zu versichern, dass ihr Aussehen ganz in Ordnung ist, dass sie gute Antworten gibt, dass sie klug und interessant ist.«

Da war es mir plötzlich klar. Diese junge Frau hält so wenig von sich, dass sie es nicht einmal merkt, wenn andere sie schätzenswert genug finden, um ihr Blumen hinzustellen und liebevoll zubereitetes Essen vorzusetzen. Das blieb alles unsichtbar für sie, weil sie sich selbst unsichtbar ist!

Um Dankbarkeit zu fühlen, müssen Sie erst einmal überhaupt bemerken, dass Ihnen etwas geschenkt worden ist – eine wirklich schöne Frisur, eine Reise nach Mallorca, ein toller neuer Job –, denn mit Dankbarkeit antwortet, wer bewusst ein Geschenk empfängt. Wenn man nicht erkennt, dass man etwas bekommen hat, oder das Gefühl hat, man verdiene es nicht – woher sollte Dankbarkeit dann kommen? Mangelndes Selbstwertgefühl beraubt uns aller Freuden der Dankbarkeit, weil wir dann in uns keinen Platz haben für all das, was wir geschenkt bekommen.

Einfach dadurch, dass wir leben, erhalten wir ständig Geschenke, und sei es auch nur der neue Tag oder eine zwei-

te (oder hundertzweite) Chance; und einfach deshalb, weil wir leben, sind wir es auch wert, diese Geschenke zu erhalten. Wenn es Ihnen schwer fällt, die Geschenke in Ihrem Leben zu sehen, muss vielleicht das Bild, das Sie von sich selbst haben, aufgefrischt werden.
Sie sind es wert, all das zu bekommen, was Sie bekommen.

Ihre Seele hat ein Ziel

Es liegt bei dir, dieser Welt Licht zu geben.

PHILIPPE VENSIER

Tom Chappell und seine Frau sind Inhaber einer Firma für natürliche Pflegeprodukte. Tom hat eine Tonbandkassette mit dem Titel *The Soul of Business* veröffentlicht, auf der er schildert, wie er trotz seines unglaublichen materiellen Erfolgs (großes Haus, riesige Yacht, erfolgreiches Unternehmen) eines Tages aufwachte und erkannte, dass er innerlich keine rechte Verbindung mehr zum Geschäft und zu sich selbst hatte. Da war er dreiundvierzig, aber es kamen trotzdem Gedanken an Rückzug aus dem Geschäftsleben auf. Er fasste den Entschluss, Theologie zu studieren und Geistlicher zu werden. Dort fand er das Ziel seiner Seele wieder und erkannte, dass sein »geistliches Amt« darin bestand, in sein Unternehmen und seine Geschäftspraktiken einfach die Werte zu integrieren, an die er zuinnerst glaubte, um dann anderen Unternehmern Anstöße geben zu können, in ihren Unternehmen ebenfalls Raum für die Belange der Seele zu schaffen.

Wenn Sie Dankbarkeit zum festen Bestandteil Ihres Lebens machen möchten, wird es darauf ankommen, sich wie Tom Chappell davon zu überzeugen, dass Sie mit einer Aufgabe in dieser Welt sind, die kein anderer als Sie ausführen kann. Sie sind ein absolut einzigartiger Mensch und bringen Begabungen und Gaben mit, die die Welt dringend benötigt. Und je deutlicher Sie Ihre Einzigartigkeit und Schönheit empfinden, desto dankbarer werden Sie für Ihre besonderen Gaben sein und desto leichter wird es Ihnen fallen, sie der Welt zukommen zu lassen.

Leider haben nicht viele von uns Eltern gehabt, die unsere Persönlichkeit zu fördern vermochten, unsere Begabungen erkannten und achteten und uns beim Finden unseres Lebensziels halfen. Deshalb fällt es uns als Erwachsenen vielleicht schwer, uns so uneingeschränkt anzunehmen und zu lieben, dass wir ein tiefes und stilles Gefühl der Dankbarkeit für uns selbst empfinden können.

Sue Patton Thoele stellt in *The Woman's Book of Spirit* (engl., Conari Press) folgende Meditation vor:

»Wie wichtig Dankbarkeit gegenüber uns selbst ist, wird vielleicht besser nachvollziehbar, wenn wir unser Herz als zarte Kostbarkeit visualisieren, mundgeblasen aus feinstem, ätherischem Glas. Ein unausdenklich wertvoller Schatz, zerbrech-

lich, unersetzlich, nicht in Gold aufzuwiegen und uralt, keinem anderen vergleichbar – unermesslich kostbar, vor aller Zeit und jenseits der Unendlichkeit existierend. Es wurde uns tatsächlich solch eine unbegreifliche Kostbarkeit anvertraut, als wir das Geschenk des Lebens erhielten …
Legen Sie mit geschlossenen Augen leicht die Hände aufs Herz und lassen Sie den Atem sanft ein- und ausströmen. Wenn Sie bereit sind, bitten Sie um ein Symbol für Ihr Herz. Halten Sie dieses Symbol, wenn Sie es sehen oder spüren, so behutsam, wie Sie ein unbezahlbares Fabergé-Ei halten würden. Nehmen Sie das Wunderbare Ihres Symbols wahr und lassen Sie sich bis in die letzte Zelle von Dankbarkeit durchströmen. Fassen Sie den festen Entschluss, Ihr Herz-Ich zu lieben und wertzuhalten.«

Die Lösung im Problem

Die Leute machen immer die Umstände verantwortlich für das, was sie sind. Ich glaube nicht an Umstände. Wer es in dieser Welt zu etwas bringt, gehört zu denen, die aufstehen und sich nach den Umständen umsehen, die sie haben wollen – und sie sich schaffen, wenn sie sonst nicht zu finden sind.

George Bernard Shaw

Ein Therapeut, den ich kenne, behandelte eine Frau, die einen schweren Gehirnschlag gehabt hatte und seitdem unter Sprachstörungen litt. Ihr selbst schien das nicht übermäßig viel auszumachen, aber ihre Angehörigen empfanden es als Tragödie. Als junge Frau war sie von großer Sprachgewandtheit gewesen und das rettete ihr sogar das Leben. Sie überlebte als Jüdin die Zeit des Nationalsozialismus, weil sie fünf Sprachen beherrschte und in einem Konzentrationslager als Dolmetscherin eingesetzt wurde. Nach dem Krieg übersiedelte sie in die Vereinigten Staaten und konnte ihre Familie durch Sprachunterricht unterhalten. Seit dem Schlaganfall ringt sie nun um Worte und ihre erwachsenen Kinder springen ihr ständig bei, um beim Finden der Worte zu »helfen«. Der Schlag hatte auch noch andere Veränderungen bei ihr bewirkt. Sie war eine kühle und distanzierte Mutter gewesen und jetzt suchte sie plötzlich den liebevollen Körperkontakt, berührte ihre Kinder, sooft sich Gelegenheit bot. Die Kinder jedoch beschäftigte nichts so sehr wie der Verlust ihres Sprachvermögens und sie merkten gar nicht, dass sie von ihrer Mutter jetzt genau die liebevolle Zuwendung bekamen, nach der sie sich ein Leben lang gesehnt hatten.

Der Therapeut empfahl ihnen, sich nicht so sehr von den Wortfindungsschwierigkeiten ihrer Mutter beunruhigen zu lassen und ihr nicht die Worte vorzukauen, sondern stattdessen tief durchzuatmen und wirklich einmal wahrzunehmen, wie sie ihrer Liebe durch Berührungen Ausdruck gab. So entstand ein Freiraum, in dem diese Frau in Ruhe sprechen konnte und ihre Kinder die Ruhe fanden, ihre Liebe ganz in sich aufzunehmen.

Der »Trick« bei dieser Sache besteht darin, dass man den Grund des Unbehagens als Ausgangspunkt nimmt, um Dankbarkeit zu entwickeln. Gibt es in Ihrem Leben etwas, das Sie als schrecklich störend und schwierig empfinden? Und versteckt sich darin vielleicht etwas Wünschenswertes, auf das Sie sich wie die Kinder in der eben erzählten

Geschichte ausrichten können, um sich so eine Gelegenheit zum Dankbarsein zu schaffen?
Für mich ist es das Anstehen in der Schlange. Ich hasse »vergeudete« Zeit, mein Leben hat ein atemberaubendes Tempo und ich mag es gar nicht, dass mir bei all den Dingen, die ich mir für den Tag vornehme, etwas in die Quere kommt. Bis vor kurzem war ich es immer, die schnaubend und die Augen verdrehend in der Schlange stand, die nicht still stehen konnte und alle paar Sekunden auf die Uhr sah. Wenn ich dann schließlich die Theke oder den Schalter erreichte, war ich durch das Warten so aufgebracht, dass ich der Person auf der anderen Seite nicht mehr freundlich begegnen konnte. Doch Warteschlangen gibt es nun mal überall und so habe ich mich schließlich zu einer anderen Haltung durchgerungen. Jetzt rege ich mich nicht mehr auf, sondern sehe das Warten in der Schlange als wunderbaren Anlass, Tempo wegzunehmen, ein paarmal bewusst zu atmen, meinen Körper wieder wahrzunehmen und so viel Muskelverspannung aufzulösen, wie ich nur eben kann. Dadurch wird die Wartezeit nicht kürzer, aber jetzt bin ich dankbar für diese Chance innezuhalten.

Lieber jetzt gleich

Ein Leben lang genießen wir die guten Dinge und wir nehmen ihren Wert erst wahr, wenn sie uns genommen werden. Wie viele denken forsch an Trennung vom einstmals geliebten Menschen und bilden sich ein, sie hätten genug von ihm. Doch kaum ist die Trennung wirklich vollzogen, da brennen sie vor Sehnsucht.

JAMI

In diesen Worten erkenne ich mich wieder, und wie! Rückwirkende Dankbarkeit nenne ich das: Etwas ist vorbei oder jemand nicht mehr da und erst dann merke ich, wie wichtig mir war, was ich hatte, und wie wenig mir das bewusst war. Gesundheit, das Lächeln eines geliebten Menschen, ein Job, der Gelegenheit zu schöpferischem Selbstausdruck bot – für jeden mögen es andere Dinge sein, die er gar nicht recht zur Kenntnis nahm, weil sie ihm selbstverständlich erschienen.

Wenn wir das, was wir hatten, erst zu schätzen wissen, wenn es »zu spät« ist, trauern wir ihm nach und dieses Gefühl ist ein schleichendes Gift, das uns an die Vergangenheit fesselt:

Hätte ich ihm doch nur öfter gesagt, wie dankbar ich für alles bin, vielleicht hätte er mich dann nicht verlassen; hätte ich doch nur mehr bewusste Dankbarkeit für meine Beine empfunden, bevor ich unters Auto kam; hätte ich ihr doch gesagt, wie viel ihre freundlichen Worte mir bedeuteten ... hätte ich nur, hätte ich nur. Es geht um und um in unserem Kopf und es spinnt sich eine Geschichte nach der anderen, wie viel besser das Leben sein könnte, wenn wir den Dingen mehr Beachtung geschenkt hätten.

Wenn ich merke, dass ich mich in diesen Nebel rückwirkender Dankbarkeit verliere, nehme ich mir erst einmal Zeit, mich bei dem Menschen oder Umstand zu bedanken, für den ich jetzt erst, verspätet, echte Wertschätzung empfinde. Lebt dieser Mensch noch, schreibe ich einen Brief oder rufe an. Wenn nicht, dann sage ich innerlich Dank und so verfahre ich auch mit dankenswerten Umständen, die nicht mehr bestehen. Dann nehme ich mein gegenwärtiges Leben genau unter die Lupe und frage mich, ob es *jetzt* Dinge gibt, die ich ohne rechte Wertschätzung einfach als gegeben nehme.

Wir können nie wissen, ob Dankbarkeit zur rechten Zeit den Dingen eine andere Wendung gegeben hätte (vielleicht wäre er nicht gegangen, wenn ich weniger genörgelt hätte und dankbarer gewesen wäre, aber vielleicht hätte es auch nichts genützt); sicher ist dagegen, dass wir künftig weniger zu bedauern haben werden, wenn wir uns *jetzt* für alles bedanken, was wir haben – ob die Dinge sich nun wunschgemäß entwickeln oder nicht. Vielleicht können Sie Ihrer eben verstorbenen Schwestern nicht mehr sagen, wie dankbar Sie sind, dass sie in Ihrem Leben war, aber Sie können *jetzt* Ihrem Mann, Ihrem Kind, Ihrem besten Freund sagen, was sie Ihnen bedeuten.

Lassen wir uns, wenn wir etwas aus der Vergangenheit zu bedauern haben, von dem Gefühl der Dankbarkeit in die Gegenwart tragen – mit immer mehr Wertschätzung für alle Geschenke im Hier und Jetzt und mit dem Vorsatz, unsere Dankbarkeit so oft wie möglich zu bekunden.

Die Freude, lebendig zu sein

Da erkannte ich, dass Dankbarkeit das beste Gefühl ist, das ich je haben kann, die größte Freude des Lebens. Es ist besser als Sex, besser als ein Lotteriegewinn, besser als die Freude über das bestandene Examen meiner Tochter, besser und tiefer als jedes andere Gefühl. Es ist vielleicht Urheber aller anderen wirklich guten Gefühle im Repertoire menschlichen Fühlens.

LEWIS SMEDES

In seinem Buch *A Pretty Good Person* erzählt Lewis Smedes, Professor für Theologie und Ethik, wie er »an einem furchtbar kalten Dezembermorgen« in seiner Wohnung in Minnesota zusammenbrach:
»In meiner Lunge, als ich dann in der Klinik war, fand sich so etwas wie eine Schrotladung kleiner Blutgerinnsel und einige Tage lang sah es ganz so aus, als würde ich sterben. Am fünften Tag beugte sich ein gutmütiger norwegischer Arzt namens Hans Engman über mein Bett und gratulierte mir, dass ich noch lebte, obwohl die medizinische Statistik mit eins zu einundzwanzig gegen mich gewettet hatte ...
Ein paar Nächte später wurde ich in der melancholischen

Stille, die ein Krankenzimmer nachts um zwei bekommt, wenn man mutterseelenallein daliegt, von einem wahren Taumel der Dankbarkeit ergriffen ... Ich dankte dem Herrn aus tiefster Seele für das beinahe unerträglich wunderbare Geschenk, auf dieser guten Erde und in diesem guten Körper zu dieser Zeit lebendig zu sein.«

Beim Recherchieren für dieses Buch staunte ich manches Mal darüber, wie viele Menschen ähnliche Geschichten zu erzählen haben: dass sie erst vom Tod gestreift werden mussten, um zu einem Gefühl der Dankbarkeit zu kommen. Da las ich, wie Autounfälle, Krebserkrankungen, Seenot und andere lebensbedrohende Ereignisse ein Weckruf sein können, der uns dankbarer für die gewöhnlichen Dinge des Lebens werden lässt. Das ist dann keine Entscheidung des Verstandes. Vielmehr berichten alle, die solche Ereignisse schildern, dass sie wie Lewis Smedes von einem unglaublichen Gefühl der Dankbarkeit ergriffen wurden und sich danach gelobten, Dankbarkeit zu einem Teil ihres Alltags zu machen.

Nun frage ich Sie: Müssen Sie auch erst vom Tod gestreift werden, um die Freude zu empfinden, die *jetzt* möglich wäre? Oder gelingt es Ihnen vorher schon, dieses wahrhaft staunenswerte Wunder an sich heranzulassen, dass Sie lebendig sind, dass Sie ein- und ausatmen, dass Sie die Welt über Ihre Sinne wahrnehmen, einem Fremden zulächeln, einen geliebten Menschen streicheln, die zarte Weichheit eines Kindergesichts fühlen können? Wir müssen nicht erst am Rande des Todes stehen, um uns in der Wärme der Dankbarkeit gebadet zu fühlen. Wir können die Welt jederzeit neu erleben und etwas von diesem Freudentaumel fühlen, von dem beinahe zu Tode gekommene Menschen berichten.

Denken Sie einmal an etwas, das Sie beinahe verloren hätten, aber dann doch nicht verloren – einen Freund durch einen Streit, Ihr Auto, das gestohlen und dann wiedergefunden wurde, eine Brust, Ihr Leben. Geht Ihnen das Herz auf vor Dankbarkeit, dass dieses beinahe Verlorene noch da ist?

Die Spirale der Dankbarkeit

Wenn ich meine Dankbarkeit bekunde, wird sie mir tiefer bewusst. Und je mehr sie mir gegenwärtig ist, desto größer der Wunsch, sie zu bekunden. Das wird eine aufsteigende Spirale, eine stetig weiter werdende Kreisbewegung um eine ruhende Mitte.

David Steindl-Rast

»Meine russische Großmutter war, was Dankbarkeit angeht, meine größte Lehrerin«, erzählte mir unlängst eine Kollegin. »Wir waren sehr arm und ich beklagte mich häufig, dass ich dies oder das nicht hatte. Jedes Mal, wenn wir zusammen unterwegs waren, benutzte sie alles, was sich zeigte, um mir etwas über Dankbarkeit zu vermitteln. Zum Beispiel sahen wir irgendwo in New York einen Bettler, dem beide Beine fehlten, und sie sagte: ›Also, jetzt betest du aber sofort zu Gott und dankst ihm für deine Beine und dass du was im Bauch hast.‹ Natürlich ging es nicht darum, sich als über diesem Mann stehend zu fühlen, und sie wollte mir auch nicht Schuldgefühle einreden. Sie wollte mir einfach zeigen, dass jeder Tag viele unmittelbare Gelegenheiten bot, sich an all das zu erinnern, was wir bei allen Schwierigkeiten doch hatten. Sie wollte mir zeigen, dass all die guten Gaben uns am ehesten dann erhalten bleiben, wenn wir uns dankbar zeigen. Ich habe ihre Unterweisungen lange zurückgewiesen, aber seit einiger Zeit fällt mir auf, dass mein Leben um so besser läuft, je mehr ich mich bedanke. Wenn ich undankbar werde, laufen die Dinge einfach nicht mehr richtig.«

Bei vielem, was heute so über Dankbarkeit geschrieben wird, bekommt man den Eindruck, es handle sich um eine Art Versicherungspolice nach dem Motto: Sei brav dankbar, dann kommen die guten Dinge zu dir. Für mich ist das spiritueller Materialismus, ungefähr so, als betete man um einen rosaroten Cadillac oder eine Nerzstola. Echte Dankbarkeit ist eine natürliche Reaktion auf das Wunder des Lebens, wie es sich uns Augenblick für Augenblick zeigt, ein von Herzen kommendes Gefühl des Genügens, das von unseren Zukunftshoffnungen ganz unabhängig ist.

Nachdem ich dies vorausgeschickt habe, bleibt festzustellen, dass etwas, worauf ich mich ausrichte, tatsächlich zuzunehmen scheint. Vielleicht haben Sie schon einmal erlebt, dass Sie ein neues Wort lernen und es plötzlich überall hören. Oder eine Freundin zeigt ihnen zum ersten Mal eine seltene Blume und Sie sehen sie auf einmal überall blühen.

Warum das so ist, lässt sich vielleicht nicht ganz klären. Aufgrund eines größtenteils unbewussten Selektionsmechanismus bemerken wir bestimmte Dinge und andere nicht; schließlich können wir nicht ständig auf alles achten. Wenn etwas Neues uns auffällt und unsere Aufmerksamkeit erregt, bemerken wir *das* natürlich mehr. Es könnte hier, und zwar nach Aussage von Wissenschaftlern, sogar etwas noch Erstaunlicheres am Werk sein, nämlich eine Beeinflussung der Wirklichkeit durch unser Bewusstsein. Die Wirklichkeit, so David L. Cooperider, »ist häufig in erheblichem Maße bestimmt durch unsere vorwegnehmenden Bilder, durch Wertvorstellungen, Pläne, Intentionen, Überzeugungen und Ähnliches«. Es könnte demnach sein, dass unsere positiven und negativen Vorstellungen eine Kraft sind, durch die wir alles, was uns widerfährt, mitgestalten.

In beiden Fällen gilt aber, dass wir um so mehr Anlässe zur Dankbarkeit bekommen, je dankbarer wir sind. Es muss Ihnen nicht unbedingt mehr oder Besseres zuteil werden, aber jedenfalls sind Ihre Augen dann geöffnet für die Geschenke, die immer schon da waren. Wie Susan Jeffers sagt: »Schauen wir auf die Fülle, kommt unser Leben uns erfüllt vor, blicken wir jedoch auf den Mangel, scheint unser Leben voller Entbehrung zu sein.«

Es könnte schlimmer sein

Wenn du nicht alles Erwünschte hast, sei dankbar für das Unerwünschte, das du nicht hast.

Anonymus

Manchmal sind wir in einem so verheerenden Zustand, dass wir zu so etwas wie Dankbarkeit nur Zugang finden, indem wir uns all die schlimmen Dinge aufzählen, von denen wir gerade verschont sind: Immerhin ist der Hund heute nicht vom Auto angefahren worden und ich habe noch keinen Alzheimer und meine Tochter hat sich nicht die Nase piercen lassen und ein Erdbeben gab es auch nicht.

An gute Dinge zu denken, die nur gut sind, weil sie eben nicht passiert sind – und je dramatischer, desto besser –, damit lässt sich die Stimmung ganz beträchtlich heben. Wenn Sie so weit sind, dass Sie die ganze Liste einem sehr nahe stehenden Menschen vortragen können, werden Sie sich wohl schon um vieles besser fühlen.

Das hat aber auch eine durchaus ernsthafte Seite. Denn ist es nicht wirklich wunderbar, dass kein Tornado Ihre Gegend heimgesucht hat? Ist es nicht toll, dass das Haus nicht abgebrannt ist? (Das ist ja eine reale Möglichkeit. In meinem Freundeskreis ist es schon dreimal vorgekommen, dass ein Haus oder Geschäft völlig abbrannte.) Manchmal kann ein Blick auf das, was uns erspart blieb, eine neue Empfänglichkeit für die ganz gewöhnlichen Freuden unseres Lebens wecken.

Häufig kommen wir dahin erst, wenn wir vom Unglück anderer erfahren – »Gott sei Dank, dass mein Sohn nicht bei diesem Autounfall dabei war«; »was bin ich froh, dass nicht mein Mann derjenige ist, der seine Arbeit verliert«; »mein Gott, all diese armen Menschen, die jetzt kein Zuhause mehr haben«. Solche Gedanken sind wohl einfach menschlich, aber noch besser wäre es, wenn wir die Nöte anderer nicht mehr brauchten, um uns an das Gute in unserem eigenen Leben zu erinnern. Wenn wir das Gute in unserem Leben (auch das, was nur gut ist, weil es *nicht* passiert) jeden Tag bewusst wahrnehmen, werden wir auf die Unglücke, die anderen zustoßen, vielleicht nicht mehr nur mit dankbarer Erleichterung reagieren, weil es uns nicht getroffen hat, sondern wirklich mitfühlen und uns von diesem Mitgefühl zu entsprechendem Handeln anregen lassen.

4

Die Übung der Dankbarkeit

Wenn wir uns auf jedes, auch das allerkleinste Gefühl von Dankbarkeit einzulassen beginnen, wird etwas weich und nachgiebig in uns. Nehmen wir solche Augenblicke als etwas Wertvolles zur Kenntnis, denn so kann dieses Weiche, mag es auch flüchtig und winzig klein erscheinen, sich Schritt für Schritt und nach seinem eigenen Zeitmaß ausweiten.

Pema Chödrön

Im nächsten Stadium unserer Reise werden wir nun unsere Einstellung in Aktion umzumünzen beginnen. Hier werden wir die Dankbarkeit nicht mehr nur *fühlen,* sondern auf eine uns selbst und unsere Umgebung bereichernde Weise *leben.* An dieser Stelle setzt wahre seelische Reifung ein, denn das bloße Reden über Dankbarkeit ist gegenstandslos, wenn wir sie nicht schließlich verkörpern und leben. Wenn wir Dankbarkeit üben, entsteht eine machtvolle Resonanz zwischen unserem Denken und Handeln und unsere Seele erstrahlt in ihrem vollen Glanz.

Jeden Tag trainieren

Deine Zukunft hängt von vielem ab, vor allem aber von dir.

Frank Tyger

Ich arbeite seit fünfundzwanzig Jahren als Lektorin und Schriftstellerin und es erstaunt mich trotzdem immer wieder, dass Schreiben ein Muskel ist, den man trainieren muss. Wenn ich selbst oder meine Autoren das tun, fällt es relativ leicht, wie ja auch ein Marathonläufer mühelos eine Meile laufen kann. Ist aber zu viel Zeit verstrichen, seit ich das letzte Mal am Computer saß, dann fehlt dem Denken die Gelenkigkeit wie bei einem Sportler nach einer Verletzungspause. Einmal habe ich einen Monat lang nicht geschrieben und zweifelte anschließend, ob ich je wieder in Gang kommen würde.

Ähnliches gilt auch für Einstellungen: Je mehr Sie sich darum bemühen, desto geläufiger werden sie Ihnen. Ich glaube sogar, dass hier der Unterschied zwischen einem Optimisten und einem Pessimisten liegt. Ein Pessimist hat die Muskeln des Negativen und des Mangels trainiert, bis diese Einstellung ihm zur eingefleischten Gewohnheit geworden ist, während der Optimist Dankbarkeit und Zuversicht einübt, bis sie ihm zur zweiten Natur werden. Wir alle können selbst entscheiden, welche Muskeln wir kräftigen wollen. Mit etwas Übung können wir fröhliche Teilnehmer am Spiel des Lebens werden, dankbar für unseren Part und begeistert vom schieren Vergnügen des Spielens.

Wenn ich jemanden nennen soll, der wirklich die Dankbarkeitsmuskeln trainiert, dann ist es Peris. Sie ist eine von der Sorte, die ihre Freunde völlig unverhofft anruft, um ihnen zu danken, dass sie in ihrem Leben sind. Sie stammt aus einer weit verzweigten kroatischen Familie, in der es allerlei durchgeknallte Onkel und schrullige Tanten gibt – eine Familie, die manchen von uns das Fürchten lehren könnte. Wenn man sich ihre Geschichten anhört, lernt man die etwas sonderbaren Mitglieder der eigenen Familie ebenso schätzen wie sie die ihren. Vor einiger Zeit wollte ich sie anrufen, um sie über Dankbarkeit auszufragen. Es dauerte eine Weile, bis sie zurückrief, und zur Erklärung sagte sie, mein Anruf habe sie daran erinnert, dass sie in letzter Zeit das Danken etwas vernachlässigt hatte, und dafür sei sie mir dankbar.

Wir müssen also wie Peris trainieren, sonst wird der Muskel schlaff. Das funktioniert beim Dankbarkeitsmuskel genauso wie bei jedem anderen Muskel. Es fühlt sich zunächst vielleicht ein bisschen merkwürdig und schwierig an, man muss sich richtig überwinden; aber wenn Sie Tag für Tag dranbleiben, brauchen Sie bald nicht einmal mehr daran zu denken. Sehr hilfreich ist es dabei, wenn Sie irgendein kleines alltagstaugliches Ritual entwickeln, indem Sie beispielsweise ein Dankbarkeitstagebuch führen oder auf dem Weg zur oder von der Arbeit alles Revue passieren lassen, wofür Sie dankbar sind. Sie werden selbst wissen, was Ihnen da am meisten liegt – eine Datei in Ihrem Computer, ein schönes Buch mit leeren Seiten, eine Tonbandkassette im Auto. Fassen Sie aber in jedem Fall den Vorsatz, jeden Tag zehn Dinge zu benennen, für die Sie dankbar sind. Das wird Ihnen sehr schnell geläufig werden. Hier der Anfang meiner Liste: »Ich hatte keinen Autounfall, mein Computer hat gespurt, mein Kind ist gesund, es regnet nicht mehr, zu Mittag gab es Steak, mein Haus ist warm und trocken, meine Schwester hat angerufen ...«

Dankbarkeit trotz allem

Auf deinem Weg durchs Leben, Schwester, Bruder, was dein Ziel auch sei: Sieh den Donut, nicht das Loch.

WANDSPRUCH IN EINEM COFFEE SHOP IN CHICAGO

Iyanla Vanzant, Autorin inspirierender Bestseller wie *Acts of Faith* (engl., Fireside) und *Und meine Seele öffnete sich* (Econ Verlag), hat selbst die sprichwörtliche »Tellerwäschergeschichte« gelebt. Lange Jahre Sozialhilfeempfängerin, begann sich ihr Leben mit ungefähr vierzig zu wenden. Was ihr stets den Mut zum Weitermachen gab, sagt sie, war ihre Dankbarkeit. »Ich bin dankbar für alles, für das Obdachlosendasein ebenso wie für dieses teure Haus, das ich jetzt besitze.«

Diese erstaunliche Frau macht uns etwas sehr Wichtiges deutlich: dass wir Dankbarkeit »trotzdem« empfinden können – obwohl unser Freund sterbend im Krankenhaus liegt, obwohl Millionen Menschen hungern müssen, während Sie dieses Buch lesen, obwohl es in unserem Leben schwere Zeiten geben kann, die uns auf eine harte Probe stellen.

Wir können mit dem Dankbarsein nicht warten, bis mit uns

und der Welt alles in Ordnung ist. Dann erleben wir sie nämlich nie. »Die Welt ist zu bucklig für schattenlose Freude«, sagt Lewis Smedes. Greifen und küssen wir also unsere Freude, wenn sie gerade vorbeifliegt, auch wenn im Übrigen Kummer und Leid herrschen. Natürlich ist damit nicht gemeint, dass wir vor dem Leiden die Augen verschließen sollen; aber wir dürfen andererseits nicht zulassen, dass Schmerz und Leid uns blind machen für die Schönheit und Freude, die stets um uns sind.

Es hängt alles davon ab, worauf wir unsere Aufmerksamkeit ausrichten. Wie wäre es mit einem kleinen Experiment: Nehmen Sie irgendeinen Vormittag und vergewissern Sie sich zu jeder vollen Stunde kurz, was in der vergangenen alles falsch gelaufen ist. Der Verkehr war ein Alptraum und Sie kamen zu spät zur Arbeit; dann dieses trübe und nasskalte Wetter; und schließlich knurrt der Chef Sie ausgerechnet wegen dieses Projekts an, in das Sie so viel Mühe und Arbeit gesteckt haben. Nehmen Sie dann den Nachmittag, um sich zu jeder vollen Stunde zu vergegenwärtigen, was gut und richtig lief: Völlig überraschend rief eine alte Freundin an; die Sonne kam doch noch heraus; die neue Werbeaktion ist Ihnen rundherum gelungen. Wann fühlten Sie sich lebendiger, am Vormittag oder am Nachmittag?

Die Lust am Gewöhnlichen

Möge mir bewusst sein, was für eine Kostbarkeit du bist, Alltag. Möge ich von dir lernen, dich lieben, dich segnen, bevor du scheidest. Möge ich nicht auf der Suche nach irgendeinem besonderen und vollkommenen Morgen achtlos an dir vorbeihasten. Lass mich dich halten, solange ich kann, denn es wird nicht immer so sein. Eines Tages werde ich meine Finger in die Erde krallen oder mein Gesicht im Kissen vergraben oder mich starr strecken oder meine Hände zum Himmel erheben und mir, mehr als diese ganze Welt, deine Wiederkehr wünschen.

Mary Jean Iron

Es nicht leicht, das Gewöhnliche dankbar wahrzunehmen – es sei denn vor dem Hintergrund von etwas Schwierigem und Anstrengendem. Daran werde ich immer erinnert, wenn ich krank bin. Solange es mir gut geht, ist dieses Dasein in einem Körper gar nichts Besonderes. Ich nehme nicht eigens wahr, wie ich mich gerade fühle; es fällt mir einfach nicht auf. Wenn ich aber krank war und es dann allmählich wieder aufwärts geht, nehme ich mit tiefer Dankbarkeit wahr, wie gut sich das anfühlt, nicht krank zu sein – kein Brummschädel, kein Brennen im Hals, keine bleiernen Muskeln und Gelenke. Ich fühle mich nicht anders als sonst in gesunden Zeiten, aber jetzt bemerke ich, wie herrlich das ist.

Andere erleben dieses Gefühl, wenn sie im Auto oder Flugzeug haarscharf an einer Katastrophe vorbeikommen oder wenn der Beinahebankrott ihnen doch erspart bleibt – bei irgendetwas, das uns aus der Selbstgefälligkeit reißt und wieder für das Wunder des gewöhnlichen Lebens empfänglich macht.

Die Kunst besteht natürlich darin, das zu lernen, ohne dass wir erst krank werden müssen oder beinahe unser Haus verlieren oder bei einem Autounfall zu Schaden kommen. Das kann zum Beispiel so aussehen, dass wir uns eine ganz normale Aufgabe vornehmen, wie sie täglich anfällt – Geschirrspülen, Gemüseschneiden oder Bettenmachen –, und sie heute einmal ganz bewusst ausführen. Anstatt also bei diesem Tun an etwas anderes zu denken – etwa daran, dass Sie noch für das Abendessen sorgen müssen oder wie wütend Sie auf den Autofahrer sind, der Sie geschnitten hat –, achten Sie wirklich auf die Arbeit selbst und verrichten Sie sie nicht mechanisch. Achten Sie auf das hohe Sausen des Staubsaugers, auf die weichen und doch festen Rippen des

Saugrohrs in Ihrer Hand, auf den Anblick der weißen Hundehaare auf dem Parkettfußboden, wie sie eingesaugt werden.
Je mehr wir uns bei dieser Aufmerksamkeitsübung auf die Einzelheiten konzentrieren, desto mehr werden wir das Gewöhnliche schätzen lernen. So schreibt Rick Fields: »Wenn wir aufmerksam sind, sei es beim Kochen, beim Putzen oder beim Liebesakt, wird alles, was wir tun, verwandelt ... Wir werden auf Einzelheiten aufmerksam, die wir nie bemerkt haben, wir bekommen ein nie gekanntes Gefühl für die Beschaffenheit der Dinge. Mit jedem Tag wird das Leben klarer und schärfer und zugleich weiter und offener.« Dann nehmen unsere Augen das Wunder des ganz Gewöhnlichen wieder wahr und wir fühlen die Freude, die darin liegt.

Was braucht man wirklich?

Die drei wesentlichen Voraussetzungen des Glücks in diesem Leben sind: etwas zu tun, etwas zu lieben und etwas zu hoffen zu haben.

JOSEPH ADDISON

Eine meiner Freundinnen hat sei einiger Zeit gesundheitliche Probleme und fasste deshalb den Entschluss, ihr schönes großes Haus auf dem Land zu verkaufen und eine kleine Eigentumswohnung in der Stadt zu beziehen. In einer kleineren Wohnung mit guter Anbindung an den öffentlichen Nahverkehr kann sie besser für die alltäglichen kleinen Grundverrichtungen sorgen. Natürlich fiel es ihr schwer, auf all die Annehmlichkeiten ihres früheren Hauses zu verzichten, zumal sie auch noch feststellen musste, dass ihre Mittel jetzt für bestimmte Dinge, die sie sich vorgestellt hatte, nicht ausreichten. »Gestern«, so vertraute sie mir an, »ist mir klar geworden, dass ich mir die Verandatür nicht leisten kann, auf die ich mich so gefreut hatte. Das war erst einmal ganz schrecklich, aber dann habe ich mich gefragt: Mal ehrlich, brauchst du wirklich gerade diese Verandatür? Natürlich nicht. Und seit ich das weiß, geht es mir tatsächlich viel besser.«

Wenn wir uns erst in zweiter Linie auf unsere Wünsche und dafür vor allem auf unsere tatsächlichen Bedürfnisse ausrichten, wird das Leben viel einfacher und wir tun uns leichter, dankbar zu sein. Denn recht besehen gibt es nicht gar so viel, was wir wirklich brauchen. *Brauchen* wir einen kirschroten Jeep? Urlaub in der Karibik? Fernseher? Garten? Freizeit mit der Familie? Eine Arbeit, die wir sinnvoll finden? Sehen Sie sich diese kleine Liste aufmerksam an und vergewissern Sie sich, was Sie wirklich brauchen, um glücklich zu sein. Wenn man genau nachdenkt, bleibt nicht sehr viel übrig: Nahrung, Unterkunft, Ruhephasen, geliebte Menschen, eine sinnvolle Beschäftigung – das ist auch schon so ziemlich alles. Bei allem, was darüber hinausgeht, handelt es sich um Wünsche und Ansprüche. Die mögen ihren Stellenwert haben, aber es sind eben doch einfach Wünsche. Auf meiner »Bedürfnis«-Liste steht beispielsweise die Badewanne ganz oben. Ich steige mindestens einmal am Tag ins warme Wasser, gelegentlich zweimal; es tut meinem Rücken gut und meinem Temperament. Aber ich habe auch Jahre ohne Badewanne gelebt und kam trotzdem zurecht.

Was meine Freundin über ihre Verandatür erzählte, hat mir

sehr geholfen, die Haltung der Dankbarkeit weiter zu festigen. Immer wenn ich mich in Wünsche verrenne und seufzend zur Kenntnis nehmen muss, dass sie nicht zu erfüllen sind, frage ich mich jetzt: »Aber *brauche* ich das denn, um glücklich zu sein?« Und es ist wirklich erstaunlich, wie oft ich dann mit Nein antworten muss. Probieren Sie es aus. Jetzt gleich.

Verzeihen

Es gibt viele Möglichkeiten, Menschen zu Opfern zu machen. Zum Beispiel indem man ihnen einredet, sie seien Opfer.

Karen Hwang

Nichts verhindert Dankbarkeitsgefühle wirksamer als Zorn und Groll. Deshalb gehört zur Übung der Dankbarkeit auch die Übung des Verzeihens. Wir können unseren Eltern nicht dankbar sein für alles, was wir von ihnen bekommen haben, solange wir ihnen noch vieles übelnehmen, etwa wenn wir misshandelt wurden, wenn die Eltern eigentlich nur an sich dachten, wenn sie unsensibel waren oder tranken und uns vernachlässigten. Wir können auch das Gute einer gescheiterten Beziehung nicht nutzbar machen, solange wir die Kränkung über den Verrat, die Wut über die Lügen, den Kummer des Verlassenseins nicht überwunden haben.

Sollen wir auch nicht. Wenn solche starken negativen Gefühle vorhanden sind, würden wir das Elend nur vergrößern, wenn wir uns auch noch zu Dankbarkeit zu zwingen versuchten. Wir sind verletzt und gekränkt worden. Machen wir es nicht noch schlimmer dadurch, dass wir es zu leugnen versuchen. Zuerst müssen wir uns die Kränkung eingestehen und unsere Traurigkeit über den Verlust oder die Verletzung leben, damit sie heilen kann.

Irgendwann kommt in diesem Prozess aber die Zeit, wo Verzeihen möglich wird und geschehen muss. Erst das Verzeihen befreit uns aus der Lage des Opfers und gibt uns die Möglichkeit weiterzugehen. Dazu kann je nach der Art Ihrer Verletzung tief reichende psychologische oder spirituelle Arbeit erforderlich sein. Niemand kann Sie dazu überreden und niemand kann es für Sie tun. Nur Sie selbst können an den Punkt gelangen, wo Sie verzeihen möchten.

Dabei hilft es, sich klar zu machen, dass Groll nur ein sekundäres Gefühl ist und tiefere Gefühle überlagert, die nicht geäußert werden. Hier können Sie sich eine Übung zunutze machen, die wir »Schadensbericht« nennen wollen. Schreiben Sie dem, der Ihnen etwas angetan hat, einen Brief (den Sie nicht abschicken). Schildern Sie darin haarklein, wie sich die Verletzung an Ihnen ausgewirkt hat. Halten Sie nichts zurück. Ziehen Sie dann eine Grenze, etwa in dieser Weise: Ich werde aufstehen und den Raum verlassen, wenn jemand mich beschimpft; ich bleibe bei niemandem, der Rauschmittel missbraucht. So schaffen Sie sich das Vertrauen, dass Sie künftig in der Lage sein werden, sich gegen solche

Umstände oder Menschen zu schützen. Danach schreiben Sie sich selbst einen kleinen Brief, in dem Sie sich verzeihen, dass Sie Ihre Grenze nicht schon früher deutlich gemacht haben; und danken Sie dieser anderen Person für die erhaltene Lehre, die verhindert, dass so etwas noch einmal vorkommt. Nehmen Sie sich die Zeit, Ihre Bedürfnisse und Kränkungen ganz zum Ausdruck zu bringen und Ihre neue Grenze zu beschreiben; dann kann es gut sein, dass Sie schließlich dankbar sein werden für das, was Sie aus der Verletzung gelernt haben, etwa dass Sie künftig Ihren eigenen Standpunkt wahren können oder anderen gegenüber freundlicher sind oder mit dem Trinken aufhören oder was auch immer. Irgendwann merken Sie dann, dass Sie ein besserer, stärkerer und liebevollerer Mensch sind, als Sie vielleicht ohne die Verletzung geworden wären: Sie erkennen, dass Ihr Leid auch sein Gutes hatte. In dem Augenblick werden Sie vom Opfer zum Sieger und der frühere Sieger ist Ihnen ein verehrter Lehrer.

Durch das Verzeihen werden wir dankbar und nicht nur in einem allgemeinen Sinne, sondern zutiefst dankbar für eben das, was uns zuerst sehr wehgetan hat. Und darin findet unser Leiden seinen vollkommenen Ausgleich.

Staunen

Oh, dieses Wunderbare, das in meine Seele sprudelt!

D.H. Lawrence

Neulich bin ich mit meiner einjährigen Tochter zum ersten Mal in den Zoo gegangen. Sie bekam kugelrunde Augen, als sie einen Elefanten sah. Und als sie ihr erste Eis bekam, kannte die Freude keine Grenzen mehr. Der kleine Körper zappelte nur so und die Augen funkelten und das ganze Gesicht war schiere Wonne.

Nun sind Elefanten ja wirklich staunenswerte Geschöpfe und das tausendste Eis ist eigentlich genauso köstlich wie das erste. Aber wir Erwachsenen haben das Staunen verlernt und können uns über Elefanten und Eis am Stiel einfach nicht mehr so freuen.

Was dieses Staunen angeht, sind Kinder unsere größten Lehrer. Das Staunen ist etwas ganz Natürliches, aber es entgleitet uns, weil wir gegenüber dem Leben abstumpfen. Im Staunen zeigt sich die Bereitschaft, uns vom Leben überraschen zu lassen, und Dankbarkeit entspringt dem Staunen. Wenn wir also Dankbarkeit einüben wollen, müssen wir uns

vom Leben überraschen lassen – mit einem atemberaubenden Sonnenuntergang, mit einer wohligen Rückenmassage, mit einem geheimnisvollen Anruf oder der Freundlichkeit eines Wildfremden. Das Gefährliche am Erwachsenendasein ist die Übersättigung: Schon gut, wieder mal ein toller Sonnenuntergang, noch ein fabelhaftes Dinner, noch ein Geburtstagsgeschenk.
Wir können uns aber das Staunen jederzeit wieder erschließen. Dazu brauchen wir nur unsere Sinne zu öffnen und die Welt wieder einmal hereinzulassen. Versuchen Sie es eine Minute lang. Lauschen Sie: Vielleicht fliegt über Ihnen gerade ein Flugzeug. Ist das nicht erstaunlich, dass Flugzeuge fliegen können? Sie sehen eigentlich nicht so aus, als könnten sie. Liegt irgendein Duft in der Luft? Ich rieche Jasmin. Ist das nicht allerhand: so viele Pflanzen und alle mit ihrem ganz eigenen Duft? Machen Sie sich als Nächstes ganz klar, was Sie sehen. Nehmen Sie wirklich einmal Notiz von allem: die Maserung der Holztür, die schwarzen Lettern auf weißem Papier, die leuchtend gelben Bananen in der Obstschale. Ist es nicht erstaunlich, dass Sie sehen können? Und könnte man sich nicht staunend fragen, ob wohl jeder dieses Gelb so sieht wie Sie? Und überhaupt: Was für ein Wunder, dass wir hier Bananen, Mangos, Kiwis, Ananas und andere tropische

Früchte essen können, obwohl sie Tausende von Kilometern entfernt wachsen!
Jeder Augenblick kann staunenswert sein, wenn wir nur einmal innehalten und die Welt ringsum wie zum ersten Mal wahrnehmen. Wo das Staunen uns erreicht, fühlen wir Dankbarkeit für die allergewöhnlichsten Dinge des Lebens, die der Blick des Staunens außergewöhnlich macht.

Nur keine Vergleiche

Leben zeugt Leben. Energie erzeugt Energie.
Reich wird, wer sich gibt.

SARAH BERNHARDT

Bei der Heimfahrt hörte ich vor einiger Zeit im Radio, dass die Höhenflüge der Börse vielen Topmanagern, die Aktien als Teil ihres Salärs erhalten, fette Gewinne bescheren. So kam einer der Bosse von Disney im letzten Jahr ganz nebenbei zu zehn Millionen Dollar, bei einem anderen waren es sogar fünfundvierzig Millionen Dollar reiner Aktiengewinn – und von Bill Gates wollen wir lieber gar nicht erst anfangen. Ich spürte förmlich, wie ich grün vor Neid wurde und die ganze Dankbarkeit für mein eigenes Leben – dass ich eine wunderbare, liebevolle Familie und gute Freunde und ein schönes Haus habe und alles in allem gesund bin – erst einmal dahin war. »Hätte ich doch nur *eine* von diesen vielen Millionen, was wäre das für ein glückliches Leben!«
Tatsächlich ist Glück natürlich nur als »Insidergeschäft« zu verwirklichen und jenseits des Lebensnotwendigen hat Glück so gut wie nichts mehr mit Geld zu tun. Dennoch sind die

meisten von uns davon überzeugt, dass man Glück mit Geld kaufen kann. Wie verbreitet dieses Gefühl ist, wurde mir vor einigen Jahren plötzlich deutlich, als ich von einer Umfrage las, bei der die Befragten angeben sollten, wie viel Geld sie ihrer Meinung nach brauchten, um glücklich zu sein. Buchstäblich jeder, wie hoch oder niedrig sein Einkommen auch sein mochte, gab an, dass er zum Glücklichsein mehr brauche. Wer zwanzigtausend Dollar Jahreseinkommen hatte, stellte sich vor, dass dreißigtausend ganz schön glücklich machen würden; wer fünfundvierzigtausend Dollar verdiente, für den war fünfundsechzigtausend die magische Zahl; und ein Einkommen von hunderttausend Dollar musste glatt verdoppelt werden, wenn es zum Glück reichen sollte. Kurzum, die Wunschsumme wuchs mit steigendem tatsächlichem Einkommen stark überproportional: Je mehr ich ohnehin schon habe, desto mehr Zuwachs stelle ich mir vor (was beweist, dass die Habgier umso größer wird, je mehr Nahrung sie erhält). Da war mir klar, dass es in der menschlichen Natur – nun ja, zumindest im heutigen Westen – wohl etwas gibt, was immer mehr haben will und die beneidet, die es haben, und dass wir damit nur umgehen können, wenn wir es zur Kenntnis nehmen: Ah, da bist du ja wieder. Anschließend können wir unsere Aufmerksamkeit wieder

den Dingen zuwenden, auf die allein es wirklich ankommt.
Hier eine Übung für den sinnvollen Umgang mit Neid. Nehmen Sie sich irgendeinen Tag, an dem Sie in der einen Tasche Kleingeld bei sich tragen und die andere leer lassen. Immer wenn Sie ein Gefühl von Neid an sich bemerken, stecken Sie eine Münze in die leere Tasche und stellen sich die Frage: »Was ist es, das mir an diesem anderen Menschen auffällt und das ich gern in mir selbst finden würde?« (Denn Sie würden es ja gar nicht bemerken, wenn es nicht schon in Ihnen wäre.) Wenn es um Geld geht, ist es dann die damit verbundene Freiheit? Sind es die Spielräume, die das Geld schafft? Ist es das Gefühl der Sicherheit? Was es auch sei, mehr Spielraum, mehr Sicherheit, mehr Freizeit, Sie können sich mehr davon verschaffen, unabhängig von Ihren Lebensumständen.
Ich kann meine Zeit mit Neid auf Bill Gates vertun; oder auf die Hausfrau, die nicht arbeiten muss, weil ihr Mann als Anwalt viel verdient und sie mit allem versorgen kann; oder auf den Mann ein paar Häuser weiter, dem nach dem Tod seiner Mutter ein beträchtliches Erbe zugefallen ist. Oder ich versuche zu erkennen, wonach ich mich wirklich im Tiefsten sehne.
Ich benutze Neid als Signal, um mich daran zu erinnern, dass

ich mich, wie Sarah Bernhardt sagt, besser »geben« möchte, denn ich möchte diesen wahren Reichtum erleben, der mit meinen materiellen Mitteln überhaupt nichts zu tun hat. Ich kann nicht verhindern, dass ich immer mal wieder grün anlaufe, aber ich kann meinen Neid dann zum Anlass nehmen, mir erneut zu sagen, dass ich zum Nutzen der Welt den bestmöglichen Gebrauch von mir machen möchte. Das Gefühl der Fülle, des großen Genügens, das wir haben können, wenn wir das tun, was unsere Seele hier zu tun hat, ist besser, als eine Million je sein könnte.

Die Krankheit der Erwartungen

Mir kommt es so vor, als würden wir manchmal, und geradezu schmollend, das von Gott Dargebotene zurückweisen, weil uns gerade etwas anderes vorschwebt.

C.S. Lewis

Der undankbarste Mensch, den ich kenne, ist eine ältere Frau, die vom Schönen in ihrem Leben nichts wahrnimmt, weil es sie erbittert, dass ihr Leben nicht ganz so ist, wie es ihrer Meinung nach sein sollte. Sie hat ein durchaus ansehnliches Haus mit Garten, sie hat gesunde, intelligente, erfolgreiche Kinder, ihre Ehe hält schon fünfzig Jahre und sie kann sich Reisen leisten. In ihrem unmittelbaren Familienkreis ist niemand gestorben und niemand ernsthaft krank; Armut oder auch nur Mangel hat sie nie erleben müssen; nach allen äußeren Maßstäben hat sie es überdurchschnittlich gut und es gibt vieles, wofür sie dankbar sein könnte. Doch sie nimmt das alles gar nicht war, weil es ihren Erwartungen nicht recht entspricht. Die Kinder leben zu weit weg und besuchen sie nicht oft genug; Geld könnte ruhig auch noch mehr da sein; ihre Ehe ist nicht so liebevoll, wie sie es sich wünscht.

Natürlich zieht sie mir ihrer Undankbarkeit nicht gerade das an, was sie sich wünscht, sondern das Gegenteil: Je mehr sie jammert, desto einsamer wird sie, denn Freunde und Angehörige sind ihre Klagen längst leid.
Diese Bekannte ist mir eine wichtige Lehrerin für praktizierte Dankbarkeit, ein Anschauungsbeispiel dafür, dass Erwartungen uns den Blick verstellen und wir dann das Gute in unserem Leben nicht mehr sehen können. Erwartung tötet Dankbarkeit und Freude: Wenn du in einem Palast leben möchtest, siehst du dein behagliches Häuschen natürlich als Bruchbude; wenn du dir deinen Sohn als Arzt vorstellst, wirst du kaum zu schätzen wissen, dass er ein erstklassiger Karosserieschlosser geworden ist; wenn du dir einredest, dass du ohne einen prestigeträchtigen Straßenkreuzer nie glücklich sein kannst, wird deine alte Rostlaube, die dir zuverlässig dient, nur Bitterkeit in dir wecken.
Natürlich brauchen wir Zielvorstellungen und Zukunftsentwürfe, die uns weitertreiben. Geben wir aber Acht, dass solche Entwürfe uns nicht davon abhalten, all den Dingen, die wir jetzt schon haben, mit dankbarer Wertschätzung zu begegnen. Es wäre schade, wenn uns bei all den Gelüsten nach einem vollkommeneren Leben die Schönheit unseres jetzigen Lebens entginge.

Wenn wir uns das Glück von etwas oder jemandem außerhalb unserer selbst versprechen, haben wir unser Leben nicht mehr selbst in der Hand. Tatsächlich können wir auf gar nichts zählen außer auf unsere Fähigkeit zu entscheiden, wie wir auf alles, was uns begegnet, reagieren. Diesem Hang, das Glück außerhalb unserer selbst zu suchen, können wir mit der Übung des »egal, was passiert« begegnen. Wenn also etwas auf Sie zukommt, dem Sie sich stellen müssen, können Sie sich sagen: »Was kann ich hier erreichen oder erfahren, egal, was passiert?« Nehmen wir an, Sie müssten eine Rede halten und sind in Sorge, wie Sie wohl aufgenommen werden. Ihr »egal, was« könnte dann so aussehen: »Ich möchte – egal, was passiert – beim Reden ein Gefühl von Gelassenheit erleben. Wenn ich ins Publikum blicke, werde ich bewusst atmen und mir vergegenwärtigen, dass ich in der Tiefe ganz ruhig bin.« Nach der Rede können Sie sich dann auf jeden Fall zugute halten, dass Sie sich daran gehalten haben, auch wenn die Leute vielleicht nicht sonderlich interessiert wirkten und niemand Worte des Dankes fand.

Durch die Übung des »egal, was« lösen wir uns aus der Umklammerung unserer Erwartungen und können uns Dinge vornehmen, die unabhängig von den Umständen Befriedigung versprechen.

Erinnerungsschätze

Dankbarkeit ist das Gedächtnis des Herzens. Mache es dir deshalb zu Regel, immer wieder zu sagen: Ich habe alles, woran ich mich je erfreute.

Lydia Child

Manchmal ist das Leben eine solche Herausforderung, so voller Schmerzen, dass man es einfach nicht schafft, für irgendetwas von dem, was gerade vorgeht, Dankbarkeit zu empfinden. Dann ist es ganz schön, wenn man auf einen Vorrat an Zufriedenheit zurückgreifen kann, einen Speicher freudiger Erinnerungen, aus dem man schöpfen kann, wenn es die dunkle Nacht der Seele zu durchmessen gilt.

Aber schöne Erinnerungen nützen nicht nur in den wirklich schweren Zeiten. Man kommt damit auch besser über die kleinen Schlaglöcher und Ausfälle im normalen Leben hinweg, insbesondere in Beziehungen. Wenn ich mich beispielsweise über etwas ärgere, was mein Mann sagt, kann ich mich daran erinnern, wie er mich gestern bei der Arbeit mit einem Stück Biskuitkuchen überraschte. Das ruft gleich die Dankbarkeit auf den Plan und der kleine Ärger verfliegt. Eine schöne Erinnerung hilft auch dann, wenn Sie sich etwa über eine Mitarbeiterin ärgern, die einen abgesprochenen Terminauftrag nicht rechtzeitig erledigt hat. Wenn Sie sich dann dankbar erinnern, wie oft sie schon zu Ihrer Zufriedenheit gearbeitet hat, werden Sie ihr den Fehler nachsehen.

Gute Erinnerungen sorgen dafür, dass wir uns nicht so sehr in das jeweils gerade Anstehende verrennen, dass wir den eigentlichen Reichtum unseres Lebens nicht mehr sehen. Ich will damit nicht sagen, dass wir die Schmerzen und Probleme des Lebens leugnen oder ignorieren sollten; aber wir können ihnen Freude und Gelassenheit entgegensetzen, wenn wir uns an Augenblicke, Ereignisse und Menschen erinnern, für die wir dankbar sind.

Was können Sie rückblickend benennen, wofür Sie besonders dankbar sind? Achten Sie auf das, was hochkommt, ohne dass Sie besonders danach graben. So werden Sie einfach auf das aufmerksam, was ohnehin stets bei Ihnen bleibt. Das sind Ihre großen Glücksaugenblicke, etwa die Geburt Ihres Sohns oder die Genesung von einer schweren Krankheit oder auch einfach ein bestimmter Lichteinfall in Ihrem Schlafzimmer – einerlei. Das jedenfalls sind Ihre kostbaren Augenblicke, auf die Sie immer zurückgreifen können, wenn Sie einen Lichtblick brauchen.

Innehalten für den Duft der Rosen

Es ist gut, ein Ziel zu haben, auf das man zusteuert. Am Ende ist aber doch der Weg das, worauf es ankommt.

Ursula K. LeGuin

Das Einüben der Dankbarkeit verlangt, dass wir manchmal innehalten, um wirklich wahrzunehmen, was direkt vor unserer Nase ist. Wenn Sie durch den Tag hetzen, kann es passieren, dass Sie das Gute, das Ihnen begegnet, nicht bemerken. Wie unser Alltag auch angelegt sein mag, wir können das Tempo doch so weit drosseln, dass wir uns für unseren ein- und ausströmenden Atem bedanken können, für das vor uns stehende Essen, für das Buch, das wir lesen, für die Freundlichkeit eines Menschen, dem wir zufällig begegnet sind. Wenn wir uns Zeit nehmen, alle Sinne zu öffnen, verpassen wir die Sternschnuppe nicht mehr, das Wort, das vielleicht unser Leben ändert, das leuchtende Blau der Veilchenblüten. Und die Fülle, die uns umgibt, wird uns reicher machen.

Wie oft haben wir schon gehört, dass man innehalten muss, um den Duft der Rosen zu riechen, und doch vergessen wir

die Mahnung immer sofort wieder. Was also bringt uns dazu, es endlich doch zu tun?
Es gibt da einen Trick: Benutzen Sie die ganz gewöhnlichen Dinge und Abläufe des täglichen Lebens als Auslöser. David Kundtz empfiehlt in seinem Buch *Stopping* (Kreuz-Verlag), dass man sich »Stillpunkte« schafft, Augenblicke eines kurzen Innehaltens in »unausgefüllten Augenblicken«: wenn Sie vor der Mikrowelle warten, bis der Kaffee wieder heiß ist, wenn Sie in der Schlange stehen, wenn Sie zu Fuß von einer Verabredung zu nächsten unterwegs sind oder an der Ampel stehen. Wo Sie auch gehen oder stehen, oft gibt es die Möglichkeit, »anzuhalten, zu atmen und sich zu erinnern«. Sie halten inne, verfolgen einen ganzen Atemzug ein und aus und erinnern sich. Das Erinnern kann etwas betreffen, was Ihnen sehr viel bedeutet: dass Sie geliebt werden, dass Frieden und Freude in Ihnen sind, dass Sie über genügend Zeit verfügen für das, was Sie zu tun haben, dass Sie es sich erlauben können, die Welt ringsum in diesem Augenblick wahrzunehmen. Wenn Sie Ihre Dankbarkeit vertiefen möchten, kann die Botschaft, an die Sie sich erinnern, vielleicht so lauten: »Ich bemerke all die Geschenke, von denen ich eben jetzt umgeben bin.«
Wer innerlich ruhig und bewusst werden will, so David

Kundtz, sollte den Tag über häufig solche »Stillpunkte« einlegen. Was wäre für Sie der beste Auslöser für das Erinnern? Am besten eignen sich natürlich die Dinge, die ohnehin mit einer kurzen Unterbrechung oder Pause verbunden sind und die mehrmals am Tag vorkommen, beispielsweise die rote Ampel oder der Gang zur Toilette. Für die Mönche und Nonnen in Plum Village, dem Meditationszentrum Thich Nhat Hanhs in Frankreich, ist es das Telefon. Sie verfolgen ganz bewusst drei Atemzüge, bevor sie abnehmen. Es ist einerlei, was Sie als Auslöser nehmen, solange Sie nur wirklich mit dem Üben anfangen.

Auf das blicken, was richtig läuft

Dem Himmel sei Dank für alles, was nicht geheilt werden muss.

JOAN BORYSENKO

Wir sind so gut darauf abgerichtet, in einer Beziehung, einer Arbeitssituation oder irgendeiner Erfahrung das zu bemerken, was falsch läuft, dass wir das Richtige nur allzu leicht übersehen. Überraschend ist das allerdings nicht, denn in unserem Erziehungs- und Bildungssystem dreht sich eigentlich alles um Mängel und Fehler: Schon in der Schule werden vor allem die Fehler benotet; in Beziehungen wenden wir viel Zeit, Kraft und manchmal auch Geld für therapeutische Hilfe auf, um die Dinge in Ordnung zu bringen, an denen es hapert; bei der Arbeit forschen wir in unseren Misserfolgen und Patzern nach versteckten Hinweisen, wie ähnliche Fehler künftig vielleicht zu vermeiden sind.
Was aber, wenn wir das Pferd damit vom Schwanz her aufzäumen? Wie wären wir heute, wenn man bei allen Prüfungen das benotet hätte, was wir richtig machten? Was, wenn wir in Beziehungen nicht nur Fehlersuche und Fehlerbereinigung betrieben, sondern ebenso viel Zeit darauf

verwendeten, die Begabungen des anderen zu erkennen, zu würdigen und die Stärken und schönen Seiten der Beziehung zu beachten? Was, wenn wir bei der Arbeit ebenso auf das sähen, was richtig läuft, um dadurch herauszufinden, wie Gelingen funktioniert?

Ein unglaublich wirksames Mittel, um Verbundenheit herzustellen, das schöpferische Denken zu fördern und Hindernisse zu überwinden, ist das »Denken in Pluspunkten« – also die Ausrichtung auf das, was nicht geheilt werden muss, wie Joan Borysenko sagt. Das habe ich besonders deutlich während einer Feierstunde bei meinem Verlag Conari Press erlebt, bei der die Ehrung seiner zwölf Mitarbeiter erfolgte. Wir gingen dabei im Versammlungsraum umher und die zwölf standen einer nach dem anderen im Mittelpunkt. Es gab ein paar ganz einfache Regeln: Wer wollte, konnte sagen, was er an der Person besonders schätzte; man *musste* aber nicht sprechen; niemand durfte unterbrechen oder Einwürfe machen; auch der oder die Angesprochene hatte einfach nur zuzuhören und nicht zu kommentieren.

Wir hatten dafür eine Stunde vorgesehen, aber wir brauchten schließlich drei, weil über jeden Einzelnen so vieles gesagt sein wollte. Es wurde gelacht und geweint. Am Ende herrschte ein so starkes Gefühl von Kameradschaft, Verbundenheit und Teamgeist, wie ich es nicht nie erlebt hatte. Am nächsten Tag kamen uns einige der besten Einfälle zu neuen Büchern, die wir je gehabt hatten. Ich erinnere mich sehr lebhaft an das, was die Leute sagten.

Sie können das in jeder Gruppierung machen, sei es ein Arbeitsteam, eine kirchliche Gemeinschaft oder Ihre Familie. Ich möchte Ihnen wirklich nahe legen, es einmal zu versuchen. Es hat eine geradezu magische Wirkung.

Annehmen, was sich zeigt

Ich habe gelernt, worin ich bin, mir genügen zu lassen.

Paulus im Philipperbrief

Ich habe einmal mit einer Gruppe von Menschen gearbeitet, die das Leben als eine aktiv am Menschen wirkende Kraft sahen. Für jeden Einzelnen, sagten sie, gibt es drei Schichten oder Kreise der Beeinflussung – Sie selbst, andere Menschen und das Leben insgesamt. Diese Schichten durchdringen einander und es bestehen natürlich Wechselwirkungen: Sie beeinflussen andere und werden von ihnen beeinflusst, und genauso beeinflussen Sie das Leben und werden von ihm beinflusst. (Viele Menschen glauben, dass es in unserer Beziehung zu Gott ähnlich ist.)

Für mich hat dieses Denken etwas Tröstliches. Hier brauchte ich mich nicht mehr in einem gleichgültigen Zufallsuniversum zu fühlen, das mir wahllos Schwierigkeiten vor die Füße warf, sondern gewann die beruhigende Gewissheit, dass zwischen mir und dem Leben eine Wechselbeziehung besteht. Demnach gibt es vielleicht gute Gründe dafür, dass bestimmte Dinge sich zeigen und andere nicht. Es fiel mir jedenfalls leichter, mir an den Ereignissen meines Lebens »genügen zu lassen«, anstatt immer auf etwas anderes aus zu sein.

Es dürfte wichtig sein, dieses Genügen zu lernen, denn das Leben schlägt uns ja ganz gerne mal ein Schnippchen: Wir wünschen uns eine Perserkatze, aber irgendwie landet dann ein hergelaufener Mischling bei uns; wir wünschen uns ein Kind, aber die Erfüllung dieses Wunsches ist uns wegen Unfruchtbarkeit verwehrt; wir hätten gern diesen sagenhaften neuen Job, werden jedoch bei der Auswahl nicht berücksichtigt; wir wünschen uns eine Ehe mit dem Mann unserer Träume, stolpern aber tatsächlich von einer kurzlebigen Beziehung in die nächste. Solange wir jedoch die Dinge, die in unserem Leben auftauchen, nicht annehmen, werden wir die Lektion nicht wirklich lernen. Wir werden die Streunkatze nicht lieben, wir werden kein Kind adoptieren, wir werden nicht hellwach bereitstehen, wenn sich vielleicht der noch viel bessere Job zeigt, und wir werden uns die Fähigkeiten nicht aneignen, die man für eine langfristige Beziehung braucht.

Nur durch Dankbarkeit für das, was sich uns bietet, kommen wir zur Erfahrung des Genügens und nur durch dieses Genügen können wir im Hier und Jetzt glücklich sein – und

offen für das, was das Leben vielleicht noch für uns bereithält.
Probieren Sie mal eine Woche lang die folgende Übung aus. Wenn Ihnen irgendwann im Tagesverlauf etwas begegnet, was gar nicht Ihren Vorstellungen entspricht, dann fragen Sie sich: »Wenn alles, was passiert, richtig ist, inwiefern ist das hier dann richtig?« Was ist *richtig* an Ihrem Streit mit Ihrer Mutter, dem ärgerlichen kleinen Blechschaden, den Rückenschmerzen? Sie müssen sich keineswegs verheimlichen, dass etwas *nicht* in Ordnung ist, aber erforschen Sie, welche Funktion das Vorkommnis hat, welchem Bedürfnis es entspricht. Das Richtige an dem Streit besteht vielleicht darin, dass Sie nein zu sagen lernen; der Blechschaden könnte ein Warnschuss sein, der Sie auf Stressüberlastung aufmerksam macht; die Rückenschmerzen erinnern Sie womöglich daran, dass Ihr Körper mehr Bewegung braucht. Noch einmal: Sie sollen die Schwierigkeit oder den Schmerz nicht verleugnen, unterdrücken oder ignorieren, sondern den vielleicht darin verborgenen Sinn zu finden versuchen, damit Sie die Lektion nicht noch einmal vorgesetzt bekommen. Gehen Sie Ihre Erlebnisse am Ende der Woche noch einmal durch. Sie haben nach dem Ausschau gehalten, was richtig ist: Was hat sich dadurch in Ihnen verändert?

Das verborgene Gute suchen

Sie brachten einen Blinden zu Jesus und die Jünger fragten ihn: »Meister, wer hat gesündigt, dieser oder seine Eltern, dass er ist blind geboren?« Sie hätten gern gewusst, weshalb dieser Fluch über ihn gekommen war. Und Jesus antwortete: »Es hat weder dieser gesündigt noch seine Eltern, sondern dass die Werke Gottes offenbar würden an ihm.« Er sagte ihnen, sie sollten nicht auf die Ursachen des Leidens blicken, sondern auf das lauschen, was das Leiden sie lehren konnte.

WAYNE MULLER

Dankbarkeit ist ihrem Wesen nach uneingeschränkt. Wir schummeln, wenn wir nur für die guten Dinge dankbar sein und die schlechten lieber loswerden möchten. Natürlich müssen wir uns nichts Schlechtes *wünschen*, aber wenn wir für die in allen Schwierigkeiten liegenden Lektionen der Seele dankbar sein können, wird unsere Seele reifen und wachsen. Ohne das kommen wir nicht weiter, weil wir die Nöte, denen wir uns ausgesetzt sehen, dann nicht nutzen, um liebevoller, geduldiger, präsenter und freundlicher zu werden.
Die Menschen, die ich am meisten bewundere, sagen frei

heraus, dass sie aus ihrem größten Unglück – Krebs, Tod eines Kindes, Bankrott oder Verlust des Arbeitsplatzes – am meisten gelernt haben und dankbar dafür sind. Für mich war es chronischer Schmerz.

Während meiner letzten Studentenjahre zog ich mir eine Rückenverletzung zu. Das war das erste Mal, dass mein Körper nicht mehr mitspielte. Bis dahin hatte ich ihn als ein praktisches und verlässliches Behältnis betrachtet, das mich, dorthin brachte, wohin ich wollte. Jetzt konnte ich mich plötzlich nicht mehr bewegen und musste ihm Aufmerksamkeit schenken. Ich blieb über ein Jahr bettlägerig.

Das ist jetzt zwanzig Jahre her und mein Rücken ist nach wie vor einer meiner besten Lehrer. Ich habe viel über Geduld gelernt (eine besonders schwierige Lektion für mich), aber auch über Vergänglichkeit (wenn es heute teuflisch wehtut, muss das morgen nicht auch so sein). Ich habe den Wert körperlicher Disziplin erkannt (»Keine Zeit für diese langweiligen Übungen?«, sagt mein Körper. »Na warte!«). Ich habe gelernt, dass ich mich nicht über meine Grenzen hinaus antreiben darf (aber ich erkenne sie häufig erst, wenn ich sie schon überschritten habe); und dass Schmerzfreiheit mir auch dann nicht garantiert ist, wenn ich alles richtig mache. Ich habe von dem Wunsch, es möge besser sein, zu lassen gelernt, und ich weiß jetzt, dass ich auch dann noch recht gut leben kann, wenn ich absolut gar nichts mehr zu tun in der Lage bin. Theoretisch hätte ich das alles natürlich auch anders lernen können und vielleicht hätte es wirklich andere Möglichkeiten gegeben. Aber die Realität meines Lebens ist die, dass ich durch chronischen Schmerz gelernt habe – und ich bin dankbar für diese Lektionen, wenn auch nicht unbedingt für den Schmerz.

Schreiben Sie doch jetzt gleich einmal die zehn schwierigsten und schrecklichsten Dinge auf, denen Sie je ausgesetzt waren. Wenn Sie die Liste dann durchgehen, können Sie das Gute sehen, das in jedem dieser Dinge lag?

Für den Fall, dass Ihnen Schwierigkeiten begegnen, deren positive Seite Sie nicht sehen können, empfiehlt der Lebensberater Daniel T. Peralta folgendes Gebet: »Ich bin bereit, das Gute in dieser Erfahrung zu sehen. Möge die darin enthaltene Lehre mir offenbar werden und möge ich stärker und klarer werden.«

Der Jugend Dankbarkeit vermitteln

Wovon du mehr haben möchtest, das nimm dankbar zur Kenntnis.

Tom Peters

Viele Angehörige meiner Generation, auch ich selbst, haben von einem gewissen Alter an gegen alles rebelliert, was irgendwie nach Knigge roch. Mechanische Dankbarkeit nach dem Muster »Wie sagt man da?« war uns ein Greuel, doch in der berechtigten Ablehnung leerer Benimmregeln haben wir vergessen, unseren Kindern ein Gespür für echte Dankbarkeit zu vermitteln. So finden wir jetzt in der jüngeren Generation ein völlig überzogenes Anspruchsdenken, das für Dankbarkeit keinen Platz mehr lässt.

Unsere Vernachlässigung dieses wichtigen Aspekts spiritueller Entwicklung rührt wohl auch daher, dass wir in unserer eigenen Kindheit so oft mit einem »du sollst« traktiert worden sind. Haben wir nicht immer wieder gehört, wir sollten unseren Spinat essen, weil in China (Afrika, Indien) die Kinder hungern müssen? Hat man uns nicht Dankbarkeit für unser Fahrrad (Turnschuhe, eigenes Zimmer) einzuimpfen versucht mit dem Argument, dass so viele Kinder überall auf der Welt nichts als die nackte Existenz haben? Aber solche Reden erzeugen nur Schuldgefühle in uns und Schuldgefühle wiederum erzeugen nur das Bestreben, alles zu meiden, was an sie rühren könnte.

Als Empfänger solcher Erziehungsmaßnahmen wissen wir schon einiges darüber, wie man eine Haltung der Dankbarkeit bei Kindern nicht fördert. Aber wie kann man es denn richtig machen? Genauso wie bei Erwachsenen natürlich: Indem wir unseren Kindern eine Ausrichtung auf die »Pluspunkte« vermitteln und sie die guten Dinge ihres Lebens ohne Gewissensbisse aufzählen lassen.

Nehmen wir an, Sie helfen Ihren Kindern bei den Hausarbeiten für die Schule. Wenn irgendetwas ihnen besonders schwer fällt, können Sie den Arbeitsprozess zerlegen und die Kinder fragen, mit welchem Teil sie schon zurechtkommen. »Schön, du musst also einen Erdkunde-Aufsatz schreiben. Du bist sehr gut beim Aufspüren von Informationsquellen und hast das Talent, über das Gelesene zu sprechen. Vielleicht liest du jetzt also das Buch und erzählst mir dann, was du gelesen hast, und wir nehmen das auf. Danach brauchst du das bloß noch auf Papier zu übertragen und hast deinen Aufsatz.« Wenn man Kinder an das erinnert, worin sie gut

sind, richten sie ihre Aufmerksamkeit mehr auf ihre Stärken und werden herausfinden, wie sie diese Stärken für sich nutzen können.
Für das Zubettgehen schlage ich Ihnen ein kleines Ritual vor. Bleiben Sie nach dem Gang zur Toilette, dem Zähneputzen und der Gutenachtgeschichte noch mindestens drei Minuten am Bett und lassen Sie die Kinder etwas erzählen, was sie an diesem Tag getan haben und selbst gut finden, und dann noch etwas, was ein anderer getan hat, wofür sie dankbar sind. Wenn ihnen nichts einfällt, was sie an sich selbst gut finden könnten, dann erinnern Sie beispielsweise an die Hausarbeiten und das, was die Kinder dabei über sich selbst gelernt haben. Sollten Sie einmal nicht selbst da sein können, bitten Sie Ihren Ehepartner oder den Babysitter, Sie bei diesem Ritual zu vertreten. Wenn Kinder auf das zu sehen lernen, was sie an sich selbst und anderen gut und dankenswert finden, werden sie vor Optimismus, Zuversicht und Freude nur so sprühen.

Diesen Augenblick verschenken

Geben ist seliger denn Nehmen.

APOSTELGESCHICHTE 20,35

Dankbarkeit hat die wunderbare Wirkung, dass man die Freude weitergeben möchte. Ihnen wird bewusst, dass Sie etwas sehr Schönes bekommen haben, und es wird in Ihnen spontan der Wunsch wach, von diesem Reichtum etwas weiterzugeben. Das kann auf mancherlei Art geschehen, etwa indem Sie einen drängelnden Autofahrer einfach ganz freundlich vorlassen oder auch durch planvolles Geben in Form einer Spende für wohltätige Zwecke.

Besonders schön finde ich das, was ich »diesen Augenblick verschenken« nenne. Wenn etwas Ihnen viel Freude macht und Sie dafür dankbar sind, können Sie die positive Energie des Augenblicks jemandem zukommen lassen, der sie dringend braucht. Ich kenne Leute, die glückliche Augenblicke beim Tanzen an Gelähmte, Augenblicke der Freiheit an Strafgefangene, Augenblicke des Zurückfindens zu sich selbst an schwer misshandelte Menschen »versandt« haben. Jede positive Erfahrung, für die Sie dankbar sind, hat eine

Energie, die Sie weiterleiten können. Freunde, die irgendwo am Strand liegen, während ich arbeite, bitte ich, mir Augenblicke zu schicken, und ich selbst verschicke die Dankbarkeit über meine so befriedigende Arbeit an Menschen, die sich mit langweiligen Jobs plagen müssen.

Das Verschenken dieses Augenblicks funktioniert nach dem Prinzip, dass alles Lebendige zusammenhängt und alles, was einem Teil – beispielsweise mir – widerfährt, sich irgendwie auf einen anderen Teil auswirkt, vielleicht auf Sie. Es funktioniert wohl auch ähnlich wie das Beten für jemanden: Die dabei erzeugte positive Energie kann sich tatsächlich auf Gesundheit und Wohlergehen anderer auswirken. Man untersuchte beispielsweise die Wirkung von Gebeten an Bakterien- und Schimmelpilzkulturen in Petrischalen. Die Kulturen, für die gebetet wurde, wuchsen schneller und üppiger als andere, die keinen solchen Anschub erfuhren.

Diese Form der Übertragung von positiver Energie ist noch nicht so weit erforscht, dass sie als wissenschaftlich gesichert gelten kann. Aber brauchen wir erst stichhaltige Beweise, bevor wir einen Versuch starten? Schaden kann solch ein Versuch schließlich nicht, und wenn wir durch unsere Dankbarkeit dazu beitragen können, dass andere sich besser fühlen, wäre das nicht einfach wunderbar?

Sich für den eigenen Körper bedanken

Einfach nur sein ist ein Segen. Einfach nur leben ist heilig.

Rabbi Abraham Herschel

Diese Übung ist für Frauen besonders schwierig, da die Beziehung zu unserem Körper so schwierig und mit so viel Unzufriedenheit befrachtet ist. Die Medien bauen ein so unerreichbares Image für Mädchen und Frauen auf und messen dem Erscheinungsbild so viel Bedeutung bei, dass keine Einzige von uns ungeschoren davonkommt - nicht einmal dann, wenn wir zufällig dem Ideal entsprechen. Essstörungen, Schönheitsoperationen und die Milliarden, die wir für Kosmetik und Kleidung ausgeben, sprechen eine deutliche Sprache. Und alles deutet darauf hin, dass der Wahn jetzt auch die Männerwelt in allen Altersstufen erfasst: Waden- und Bizepsimplantate, Haartransplantationen, Facelifting und der Einsatz von Anabolika zum Muskelaufbau werden immer häufiger.

Bei dem Wunsch, all das hinter mir zu lassen, half nichts so sehr wie ein Buch des Photographen Francis Scavullo, ein Buch mit Abbildungen der schönsten Frauen dieser Welt. Da waren sie alle, eine atemberaubende Schönheit nach der anderen, und zu jedem Foto ein Kommentar der Abgebildeten selbst. Nicht eine von ihnen war mit ihrem Aussehen zufrieden, jede hatte irgendetwas an sich auszusetzen: die Nase zu groß, das Haar zu fein, der Mund zu breit ... Da sagte ich mir: Jetzt ist aber ein für alle Mal Schluss mit dem Herumnörgeln an deinem eigenen Aussehen. Wenn nicht einmal die schönsten Frauen der Welt mit sich zufrieden sein können, dann schafft es niemand, also kann ich mich doch gleich mit meinem Erscheinungsbild aussöhnen.

Denn schließlich ist es ja so, dass wir alle unabhängig von unserem Aussehen einen Körper haben, der uns lebendig erhält und schon dafür unsere dankbare Wertschätzung verdient.

Niemand ist ein besserer Lehrer für das Leben in einem Körper als mein Freund Andy Bryner. Wenn er Yoga übt, bedankt er sich bei jedem einzelnen Körperteil für sein gutes Funktionieren. Beim Durchstrecken eines Beins sagt er also beispielsweise: »Danke, Bein, dass du mich heute Morgen beim Windsurfen so gut getragen hat. Ich weiß zu schätzen, dass du dich so weit abspreizen kannst. Irgendwann einmal wird das vielleicht nicht mehr so gut gehen und deshalb bin ich heute wirklich froh darum.« So geht er die Körperteile

einen nach dem anderen durch und benennt bis in die Einzelheiten alles, was dieser Körper an diesem Tag für ihn getan hat und gerade zu leisten vermag – ohne es sich irgendwie anders vorzustellen oder zu erhoffen.
Probieren Sie es ruhig aus, wenn Sie das nächste Mal Sport treiben. Sie können es auch mal abends im Bett machen. Bedanken Sie sich Körperteil für Körperteil, innen und außen, für Ihre Inkarnation: Nieren, Leber, Lunge und Magen, Arme, Augen, Hals und Zehen. Vergegenwärtigen Sie sich, was jeder dieser Körperteile für sie tut und wie gut.

Dankbarkeit für die Lehrer

Was auch immer du geleistet und erreicht hast, irgendwer hat dir dabei geholfen.

ALTHEA GIBSON

Von wem haben Sie in Ihrem Leben am meisten gelernt? Von Ihrer Grundschullehrerin? Von einem Universitätsprofessor? Von Ihrem Ehepartner? Von einem Therapeuten oder Freund? Von allen Genannten?

Wenn uns im Leben etwas gelingt, so ruft uns die große Tennisspielerin Althea Gibson ins Gedächtnis, hat es immer Menschen gegeben, die uns unterstützend begleiteten: jemand, der uns genau im richtigen Augenblick Mut zusprach, der uns durch den richtigen Gedanken aus der Klemme half oder uns für irgendeinen Neuanfang das Startkapital zur Verfügung stellte. Über all dem Individualismus und Konkurrenzdenken unserer Gesellschaft vergisst man leicht, dass wir ohne die Hilfe anderer so gut wie gar nichts auszurichten vermögen.

Manchmal kommt die Hilfe nicht so, wie wir sie uns gewünscht hätten. Vielleicht waren Ihre wichtigsten Lehrer die, welche Ihnen ein negatives Beispiel gaben oder durch autoritäres Auftreten Ihren Widerspruchsgeist entfachten. Ihre wichtigsten Lehrer müssen auch nicht unbedingt Menschen sein. Manche lernen besonders viel von Tieren oder durch große Herausforderungen, etwa in Gestalt von Behinderung oder Krankheit. Die Schriftstellerin Carol McClelland zum Beispiel führt ihre Entwicklung ganz neuer Ansätze der Veränderung, die dann ihr Lebenswerk wurden, auf ihren Zusammenbruch nach dem Tod ihres Vaters zurück. Wenn wir die Hilfe anerkennen, die uns in irgendeiner Form unterwegs zuteil geworden ist, wird unser Herz wie ein wohl abgestimmtes Orchester tönen und nicht wie eine einsame Geige. Nehmen wir uns also die Zeit, dankbar an unsere größten Lehrer zu denken. Dann wissen wir nicht nur das Gelernte besser zu schätzen, sondern fühlen uns dem Leben insgesamt stärker verbunden. Wir sehen unser Leben als eine Reise, auf der wir immer mehr so werden, wie wir angelegt sind, und auf der allerlei Menschen und Umstände uns weiterhelfen.

Nehmen Sie sich doch gleich heute ein paar Augenblicke Zeit, um zu überlegen, wer oder was Ihre größten Lehrer waren. Ich stelle diese Frage auch gern einer Gruppe von Menschen, beispielsweise den zum Abendessen um den Tisch versammelten Freunden oder Angehörigen. Nach meiner Erfahrung wird dort immer etwas Interessantes, Tiefgründiges oder Anrührendes mitgeteilt und so erfährt man nicht nur etwas Neues über seine Mitmenschen, sondern fühlt sich ihnen auch tiefer verbunden. Und noch etwas anderes geschieht, wenn Sie die Dankbarkeit, die Sie gegenüber Ihren Lehrern empfinden, vor anderen aussprechen: Es verankert Ihre freudige Dankbarkeit für alles, was Sie bekommen haben.

Dankbarkeit für unsere Herkunft

Kein Haus ist wie das Haus der Zugehörigkeit.

David Whyte

Während meines Studiums habe ich mir gern ausgemalt, ich sei – der schaumgeborenen Aphrodite gleich – als die junge Frau ins Leben getreten, die ich damals war. So versuchte ich nicht nur die Muster meiner Eltern zu überspringen, die ich nicht wiederholen mochte, sondern wollte mir auch einreden, eine solche Wiederholung sei gar nicht möglich. Es dauerte Jahrzehnte, bis ich anzuerkennen bereit war, dass ich nicht nur ich selbst, sondern auch das Kind meiner Eltern bin und ihnen im Guten wie im weniger Guten ähnlicher, als ich mir je hätte träumen lassen.

Es reimt sich schwer zusammen: Einerseits ist jeder eine gänzlich einzigartige Seele mit ihrer ganz besonderen Aufgabe und zugleich sind wir unausweichlich die Abkömmlinge unserer Eltern, geprägt durch ihr körperliches und seelisches Erbe. Wir sind wie durch Zauber aus der einzigartigen Begegnung einer Samenzelle und einer Eizelle hervorgegangen, sind Erben einer unwiederholbaren Verschmelzung zweier DNA-Stränge. Andererseits erwerben wir eine unverwechselbare Persönlichkeit, die nicht nur durch die DNA geprägt ist, sondern auch durch Kindheitserlebnisse und Erziehung sowie durch unsere ganz eigenen Reaktionen auf diese Erlebnisse. Für unsere Eltern war das nicht anders. Auch sie übernahmen im gleichen Sinne das genetische und durch Erfahrung bedingte Erbgut ihrer Eltern und auch die waren wiederum die Erben ihrer Eltern – und so immer weiter zurück. So sind wir in einem sehr realen Sinne »Gebilde« all derer, die vor uns kamen.

Viele haben eine schmerzhafte oder schwierige Kindheit erlebt und da passiert es leicht, dass wir die Verbundenheit mit unseren Vorfahren einfach leugnen und die schwierigen Umstände oder unsere Verwandten für alle Probleme unseres späteren Lebens verantwortlich machen. In beiden Fällen verfangen wir uns in unfruchtbaren Wiederholungen der Vergangenheit – entweder weil wir sie gar nicht erst zur Kenntnis nehmen oder weil es uns nicht gelingt, über sie hinauszuwachsen.

Doch wenn wir uns dazu durchringen, unseren Vorfahren zu danken, räumen wir ihnen genau den Platz ein, der ihnen zusteht. Jetzt können wir das von ihnen Gelernte (auch wenn sie eher durch schlechtes Beispiel lehrten) wahrhaft nutzen und über ihr Erbe hinauswachsen, um unseren ganz eigenen Platz in der Welt einzunehmen. Wir erkennen unsere tiefe Verbundenheit und werden ganz zu Bewohnern des »Hauses der Zugehörigkeit«.

Dawna Markowa beschreibt eine wunderbare Übung, mit der Sie das realisieren können: »Schauen Sie in Ihre Hand. Thich Nhat Hanh würde sagen: Wenn du tief genug schaust, bis du nie mehr einsam. Jede Zelle Ihrer Hand enthält das Erbgut Ihrer Mutter und Ihres Vaters. Ob Sie Ihre Eltern geliebt oder verachtet haben, sie sind da in Ihrer Hand. Blicken Sie ein wenig tiefer, werden Sie auch Ihre Großväter und Großmütter sehen. Noch ein bisschen tiefer, und da sind sie alle, Ihre Ahnen, wohlig geborgen in Ihrer DNA. Kann sein, dass Sie sie flüstern hören: ›Vielleicht ist es die hier, die unsere Träume in die Welt trägt, vielleicht wird sie endlich über die Beschränktheit hinauswachsen, die uns festgehalten hat, und unsere Träume verwirklichen.‹«

Wenn wir die Verbundenheit mit denen, die vor uns kamen, achten lernen, gewinnen wir ein Gefühl der Zugehörigkeit und Ganzheit.

Statt Kartengrüßen

Seit über dreißig Jahren und in dem Wunsch, unsere Dankbarkeit für die vielen Gaben des Lebens zu bekunden, verschickt meine Familie anstelle der Weihnachtspost Thanksgiving-Karten an die Freunde.

JOHN MARKS TEMPLETON

Was für eine tolle Idee! Statt eines Weihnachtsgrußes, einer Urlaubspostkarte mit ein paar Stichworten zu allen Abenteuern oder Routinegrüßen könnten wir uns doch Zeit nehmen, um alles Dankenswerte aufzulisten und den Menschen davon zu erzählen. Wäre das nicht schön, im Briefkasten die Karte einer Freundin vorzufinden, auf der sie Ihnen dafür dankt, dass Sie in ihrem Leben sind? Oder selbst solch eine Karte zu verschicken?

Dabei spielt der Anlass – Weihnachten, Neujahr, Geburtstag – keine Rolle, denn es geht nur darum, dass wir unsere Wertschätzung und Dankbarkeit zum Ausdruck bringen. Sehnen wir uns nicht alle nach der Verbundenheit, die so geschaffen wird? Richard Louv, Kolumnist und Autor des Buches *The Web of Life*, schrieb einmal eine Kolumne über eine Familie, deren Mitglieder einander zu Weihnachten keine anderen Geschenke als einen Brief der Dankbarkeit und Liebe machten, in dem jeder fünfundzwanzig Gründe für seine dankbare Wertschätzung des jeweils anderen anführt. Diese Spalte erfreut sich größter Beliebtheit und inzwischen hat sogar ein Radiosender in Los Angeles die Idee aufgegriffen.

Louv schreibt: »Auf meiner Liste für Kathy, mit der ich jetzt siebzehn Jahre verheiratet bin, steht unter anderem: ›Du hast Matthew und Jason zur Welt gebracht. Du bist so engagiert im Umgang mit Deinen Patienten. Deine Redlichkeit in allen Bereichen Deines Lebens. Ich vertraue Dir. Du räumst meine Socken nicht auf. Du hast Dich um meine Mutter – und um mich – gekümmert, als sie starb. Du machst beim Campingurlaub mit, obgleich Du Zimmerservice vorziehen würdest. Du hast mir die Freuden des Zimmerservice nahe gebracht. Du liest bessere Bücher als ich. Der Duft Deiner Kleider. Dein Gesicht, wenn Du Dich im Bett ganz eingemummelt hast ...‹

Ich kann es kaum erwarten, diese Aufstellungen zu schenken und meine zu bekommen. Vielleicht können Sie das in Ihrer Familie auch mal ausprobieren. Nur so eine Idee. Das Leben ist so kurz.«

Dank bei Tisch

Sprich einen Segen, bevor du irgendetwas schmeckst.

RABBI AKIVA

Als Mädchen, katholisch erzogen, habe ich vor dem Essen stets ein Tischgebet gesprochen. Nach meinem Kirchenaustritt habe ich dann, wie so viele andere, mit der offiziellen Religion auch das Tischgebet fallen gelassen. Wozu danken, wenn man nicht mehr an einen »Gott« glaubt? Aber fünfundzwanzig Jahre später, bei einem Thanksgiving, wurde mir plötzlich klar, was für eine Verarmung das bedeutet. Selbst wenn es keinen Gott gab – und dessen war ich mir schon nicht mehr so sicher –, sollte ich vielleicht doch zumindest anerkennen, dass ich von vielen Menschen etwas bekam, von den Erzeugern meiner Nahrungsmittel und den Leuten im Laden und so vielen anderen, deren Arbeit zu meinem Leben beiträgt. Aus diesen Gedanken ging ein Buch hervor, *A Grateful Heart: Daily Blessings for the Evening Meal from Buddha to the Beatles* (engl., Conari Press). Darin versammelte ich 365 Möglichkeiten des Dankens, darunter viele, die nicht im herkömmlichen Sinne Gebete waren.

Bei dieser Arbeit habe ich viel gelernt. Zum Beispiel wie wichtig es ist (für mich zumindest), jeden Tag etwas anderes zu sagen oder zumindest häufig zu wechseln. Mit dem Tischgebet der Kindheit ist es ja leider so, dass man immer dasselbe spricht und es daher mit der Zeit leer und mechanisch wird. Abwechslung hält mir die Bedeutung wach.

Vor allem merkte ich aber, dass ein tägliches Dankritual wichtig ist, um uns den Blick echter Wertschätzung zu erhalten. Es muss nicht im Zusammenhang mit dem Essen stehen; von vielen höre ich, dass sie *A Grateful Heart* beim Zubettgehen oder Aufwachen benutzen. Aber wenn Sie Ihr Ritual täglich zur ungefähr gleichen Zeit wiederholen, entsteht eine Herzensgewohnheit, durch die es Ihnen leichter fällt, den ganzen Tag dankbar zu sein.

Jetzt möchte ich mich aber trotzdem noch für das Tischgebet stark machen, ob Sie nun allein oder mit Freunden essen. Der Segen der Dankbarkeit, das habe ich schon mehrfach betont, besteht ja unter anderem darin, dass sie ein Gefühl der Verbundenheit fördert. Und die Notwendigkeit zu essen ist etwas, das alle Lebewesen verbindet. Wenn wir bewusst und dankbar essen, stärken wir unsere Verbundenheit mit allem Lebendigen, weil wir die Wesen einbeziehen, die ihr Leben lassen, damit wir uns sättigen können.

Aber wir fühlen uns dann auch untereinander stärker verbunden. Wenn wir um einen Tisch sitzen und uns vor dem Essen bedanken, wird gewiss mehr Verbundenheit entstehen als beim achtlosen Hineinschaufeln des Essens vor dem Fernseher, das uns die Gemeinsamkeit gar nicht mehr wahrnehmen lässt. Man kann hier zum Beispiel abwechselnd etwas vorlesen oder spontan aussprechen, was einem in den Sinn kommt, oder den Familiensegen sprechen. Beim Danksagen vor dem Essen wird jedenfalls unser Zusammensein angesprochen und zugleich unsere Zugehörigkeit zu einem größeren Zusammenhang.

So oft wie möglich »Danke« sagen

Lasst uns den Zauber dieser beiden kleinen, großen Silben fühlen, »Danke«.

ARDATH RODALE

Das ist eine wirklich leichte Übung. Einfach immer wieder »Danke« sagen. Der Verkäuferin im Kaufhaus. Ihrer Kollegin, die Kekse mitgebracht hat. Dem Freund, der an einem besonders trüben Sonntag anruft. Einfach »Danke«. Ohne langatmige Erklärungen. Nur eben: »Danke.«

Dieses Routinewort, das man uns unter der Überschrift »gute Manieren« beigebracht hat, ist beileibe keine Kleinigkeit. Das »Danke« lässt, wie Daphne Rose Kingma in ihrem Buch *Die kleinen Gesten der Liebe* (Integral Verlag) sagt, »in unser Bewusstsein einsinken, dass wir beschenkt worden sind, es erzeugt eine optimistische Grundhaltung, wirkt charakterbildend und lässt uns ein positives Weltbild gewinnen«. Indem wir »Danke« sagen, machen wir uns klar, dass wir etwas bekommen haben, dass uns wirklich manches Gute widerfährt, und das wiederum fördert unser Vertrauen, dass für unsere Bedürfnisse alles in allem gesorgt ist.

Das »Danke« ist auch sehr schön für den, dem es gilt. Es macht einem klar, dass die eigenen Bemühungen und Leistungen gesehen und anerkannt werden. Jeder braucht Anerkennung. Von etlichen Leuten, die im Laufe der Jahre für mich gearbeitet haben, höre ich immer wieder, dass Anerkennung für sie eine mindestens ebenso starke Motivation ist wie Geld, und das gilt sicher für weitaus mehr Menschen, auch wenn sie es vielleicht nicht alle so sehen oder zugeben mögen.

Unser »Danke« kann auch sehr viel ausrichten, wenn es darum geht, ein erwünschtes Verhalten so zu bestätigen, dass es sich künftig wiederholt. Unser Handeln dient nicht unbedingt dem Zweck, Dank einzuheimsen, aber wenn wir Dank finden, werden wir natürlich darin bestärkt. Das ging mir vor einiger Zeit auf, als ich Rosen aus meinem Garten mit ins Büro brachte und jedem eine auf seinen oder ihren Schreibtisch stellte. Alle außer einer Kollegin bedankten sich und mir fiel auf, dass die Vorstellung, ihr noch einmal eine Rose mitzubringen, mich längst nicht so froh stimmte wie bei den anderen. Ich trage es ihr nicht nach, sondern der Gedanke sieht eher so aus: »Wenn ihr die Rose nicht gefällt, hat es wenig Sinn, ich wieder eine mitzubringen.«

Ardath Rodale hat jüngst in einem Zeitschriftenartikel vorgeschlagen, man solle einmal zählen, wie oft man an einem bestimmten Tag »Danke« sagt. Die Idee finde ich wirklich gut. Zählen Sie doch heute einmal Ihre »Danke«. Es werden vielleicht ein paar mehr als sonst, einfach weil Ihre Aufmerksamkeit in diese Richtung geht.

Eine Spur der Freude ziehen

[Anerkennende Wertschätzung] macht das Beste und Schönste unsterblich. Sie erhebt noch die Schönheit des Schönen. Sie zieht den Schleier des allzu Vertrauten von der Welt und entblößt die im Geist ihrer Formen liegende nackte schlafende Schönheit.

PERCY BYSSHE SHELLEY

Zu den fröhlichsten Menschen, die ich kenne, zählen Joel und Michelle Levey. Sie leuchten buchstäblich von innen heraus vor Vitalität und Liebe. Mit das Schönste an ihnen ist ihre wunderbare Art, sich zu bedanken. Ich habe den Brief gesehen, den sie nach der Veröffentlichung ihres neuesten Buchs an die für die Werbemaßnahmen zuständige Verlagsmitarbeiterin schrieben. Ihr Dank war so beredt und so persönlich, dass die Empfängerin des Briefs weinte. Als ich die beiden über ihren Brief befragte, sagten sie, es sei bei ihnen immer so, dass sie sich bei Menschen, von denen sie sich gut behandelt fühlten, schriftlich bedankten. »Bei unserer beruflichen Arbeit«, so schreiben sie, »wissen wir die Hilfe und Unterstützung zuverlässiger, kompetenter und fähiger Leute wirklich zu schätzen.« Und das lassen sie nicht nur die unmittelbar betroffene Person wissen, sondern auch deren Vorgesetzte.

Da kann es einen nicht wundern, dass sie auf ihren Wegen eine Spur der Freude ziehen, sei es beim Ticketservice ihrer Fluglinie, bei der lächelnden Kellnerin oder beim Automechaniker. Nichts ist für sie einfach selbstverständlich und so entdecken sie das Geschenk, das in jeder noch so normalen Situation liegen kann. Und indem sie sich für dieses Geschenk bedanken, vermehren sie es.

Sie müssen nicht unbedingt Briefe schreiben, wenngleich richtige Briefe natürlich in diesen Tagen der mit Reklame und Rechnungen voll gestopften Briefkästen besonders willkommen sind. Ein Anruf oder eine E-Mail tun es vielleicht auch. Und nicht nur Menschen, die irgendetwas für Sie erledigen, sind für solche Aufmerksamkeiten empfänglich. Ich kenne eine Frau, die immer wieder mal Freunde und Angehörige anruft, einfach so, um ihnen zu sagen, was sie an ihnen mag und schätzt. Sie will damit nicht Zuneigung einheimsen. Sie tut es aus überströmender Dankbarkeit dafür, dass diese Menschen in ihrem Leben sind. Und natürlich ist man höchst angetan von ihr.

Wenn ich an so etwas denke, finde ich es zwar großartig,

weiß aber zugleich, dass mir die Zeit dazu fehlt (wenngleich dieses Eingeständnis mir Gewissensbisse macht). Wenn es Ihnen auch so geht, wie wäre es dann, wenn Sie nach dieser Lektüre *einen* Brief schrieben oder *einen* Anruf machten. Ich jedenfalls habe es mir vorgenommen.

Ein Dankeschön an sich selbst schreiben

Es ist die vornehmste Pflicht des Menschen, ein Verstehen seines wahren Selbst in sich zu erwecken und seine eigentliche innere Größe zu erkennen. Kennt er einmal seinen eigenen wahren Wert, kann er auch den Wert anderer erkennen.

Swami Muktananda

Sie sind erstaunlich, ohnegleichen, ein Unikat. Sie denken Ihre ganz eigenen Gedanken, haben Ihre unverwechselbare Ausdrucksweise, sind so für Ihre Angehörigen und Freunde da, wie nur Sie es können. Ich wette aber, dass Sie Ihre eigene Schönheit, Ihre Sensibilität, Ihre ganz eigentümliche Sicht der Dinge nicht einmal wahrnehmen. In gewissem Sinne ist dies ganz natürlich. Wir sind an uns selbst gewöhnt und dadurch ist es nicht ganz leicht zu sehen, was so einzigartig und wunderbar an uns ist.

Und das ist das Schöne an Freunden: Sie bemerken das Wunderbare und sprechen es an und plötzlich wird es uns selbst auch sichtbar. Mir fällt mein Humor gar nicht weiter auf, bis mein Freund Rick über eine meiner Bemerkungen losprustet und dann ruft: »Du bist ja wirklich zum Schießen!«

Andere nehmen ihre Aufmerksamkeit für andere oder ihre Kreativität oder ihre Genauigkeit nicht weiter wahr. Unsere besonderen Gaben bleiben uns nur allzu leicht verborgen.
Wenn wir Dankbarkeit üben, fallen uns immer mehr Dinge ringsum auf, für die wir dankbar sind – Liebe und Freundschaft und Essen und Lachen; aber wir vergessen, den Lichtstrahl der Dankbarkeit auch auf uns selbst zu richten.
Jeder besitzt dankenswerte Eigenschaften, und wenn wir uns selbst schätzen lernen, wird die Dankbarkeit uns selbst gegenüber wachsen, während zugleich der Hang, uns auf unsere Mängel und Schwächen zu konzentrieren, abnimmt.
Durch Dankbarkeit für unsere guten Eigenschaften lernen wir auch echte Selbstliebe. Und wo Selbstliebe ist, fühlen wir, dass wir es wert sind, von anderen geliebt zu werden, so dass starke, gesunde Beziehungen entstehen können. Aus dieser Haltung heraus können wir lieben, ohne allzu sehr zu fordern, ohne uns anzuklammern, ohne wegzustoßen.
Vielleicht können Sie heute ein Dankeschön an sich selbst schreiben. Nehmen Sie irgendetwas, das Sie an sich dankenswert finden – dass Sie ein guter Freund sind beispielsweise oder dass sie sehr fleißig arbeiten oder sich mit Flair zu kleiden wissen. Nehmen Sie sich Zeit, um sich selbst zu danken. Tut es nicht gut, zu denken, wie wunderbar Sie sind?

Sich immer wieder verlieben

Wähle deine Liebe, liebe deine Wahl.

Sprichwort

Wie kommt es wohl, dass wir gegenüber Menschen, die wir kaum kennen, so freundlich, tolerant und liebevoll sein können, während wir denen, die uns besonders nahe sind, oft fordernd, kühl, wenn nicht gehässig begegnen? Irgendwie scheint der tägliche Umgang miteinander dazu zu führen, dass all die liebenswerten Züge am anderen, die wir einst so anziehend fanden, mit der Zeit unsichtbar werden und dann die kleinen Schwächen und Unvollkommenheiten das Bild beherrschen. Dann sehen wir nur noch, wie wir unseren Partner gern hätten, nehmen aber den wunderbaren Menschen nicht mehr wahr, den wir eben jetzt tatsächlich haben könnten.

Ich habe einmal eine Therapeutin gekannt, die sagte, sie habe einen ganz neuen Weg zu besseren Beziehungen gefunden. Sie lasse Paare oder Eltern oder Kinder nicht mehr über ihre Probleme sprechen, sondern erziele viel bessere Ergebnisse, wenn sie den Leuten rate, dem anderen immer dann liebevolle und dankbare Gedanken zu schicken, wenn man sich gerade mal wieder über ihn oder sie zu ärgern beginne. Ich habe das bei mir zu Hause ausprobiert. Wenn mir zum Beispiel gegenüber meinem Mann die Frage auf der Zunge lag: »Hast du nicht mal was Interessantes zu erzählen?«, ließ ich mir stattdessen etwas einfallen, wofür ich dankbar war. Zum Beispiel: »Ich mag es, dass er so einfühlsam mit Menschen umgeht.« Die Wirkung war erstaunlich. Ich fand, dass er interessanter und auch liebevoller wurde. Lag es nun daran, dass ich meine Haltung geändert hatte und es daher keinen Streit und keine Verletzungen gab, oder hatten meine guten Gedanken tatsächlich diese Eigenschaften in ihm bestärkt? Ich weiß es nicht und es ist wohl auch unwichtig. Anerkennung des Guten gibt dem Guten Vorschub, allein darauf kommt es an.

Jeder kann es sich zur Gewohnheit machen, vor allem das zu bemerken, was er mag. Das lehrte auch der Hypnotherapeut Milton Erickson. Er sagte, er könne jeden dazu bringen, sich in jeden anderen zu verlieben – oder eine bestehende Zuneigung in sich abzutöten. Das macht man so: Suchen Sie sich an dem betreffenden Menschen fünf Dinge, die Sie nicht ausstehen können, zum Beispiel sein Lachen, seinen Geruch, die Art, wie er über andere herzieht, dass er beim Essen eine

ziemliche Matscherei anrichtet und hässlichen Zahnbelag hat. Danach halten Sie sich fünf Dinge vor Augen, die Sie an ihm besonders mögen: die Form der Hände, die großen blauen Augen, die Großzügigkeit in materiellen Dingen, den Humor, den Umgang mit Kindern. Machen Sie diese Übung eine Woche lang immer dann, wenn Sie dieser Person begegnen. Bald werden Sie herausfinden, dass Sie Ihre Gefühle gegenüber einem Menschen dadurch verbessern können, dass Sie sich auf seine liebenswerten Eigenschaften ausrichten.
Dann können Sie diese Fähigkeit zu Hause anwenden. Üben Sie das Umschalten, bis Sie es auch dann beherrschen, wenn Sie sich innerlich über Ihren Partner aufregen, und beobachten Sie, was in Ihrem Leben geschieht.

Nehmen Sie Ihre Kinder, wie sie sind

Danke, dass es dich gibt.

Grußwort der Seneca-Indianer

Als Eltern blicken wir manchmal so einseitig auf das, was unsere Kinder lernen und ändern und werden sollen, dass wir sie nicht mehr jederzeit so nehmen und lieben, wie sie nun mal sind. Das gilt in dieser Zeit des Konkurrenzkampfs mehr denn je. Wir möchten ja das Beste für unsere Kinder: Sie sollen eine gute Ausbildung bekommen, gut im Sport sein, Freunde haben. Wir möchten, dass sie zur Uni gehen, eine gute Ehe führen und dann selbst wunderbare Eltern werden. Bei all dem, was wir uns für sie wünschen, kann es vorkommen, dass wir allzu einseitig auf ihre Fehler und Schwächen sehen. Wenn Johnny doch besser lesen könnte, wenn Claudia doch nur stillsitzen wollte, wenn Yolanda doch bloß nicht so schüchtern wäre ...
Im Allgemeinen schlägt die Schule dann in die gleiche Kerbe, denn hier fühlt man sich vor allem für Fehlerdiagnose und das Einordnen in Schubladen zuständig: hyperaktiv, Aufmerksamkeitsschwäche, Widerspruchsgeist, mangelnde

Motivation. Alle erzählen uns ständig, was mit unseren Kindern nicht in Ordnung ist; da vergessen wir nur zu leicht, dass wir sie ja eigentlich lieben und schätzen.
Meine Freundin Molly hat sechs Kinder, das älteste zweiundzwanzig, das jüngste acht. Sie sind sehr verschieden, haben aber alle durchwegs ein gesundes Selbstwertgefühl und entwickeln sich, jedes auf seine Weise, sehr gut. Sie sind gut in der Schule, wenn auch nicht alle gleich gut. Sie sind sportlich, wenn auch nicht alle im gleichen Maße. Sie haben Freunde, wenn auch nicht alle gleich viele. Sie lieben einander und ihre Eltern sehr. Wenn ich sehe, wie Molly mit ihnen umgeht, kann ich schon erkennen, woran das zu einem guten Teil liegt. Sie lässt ihre Kinder wissen, dass sie wunderbar sind, genau so, wie sie sind; dass sie jetzt und jederzeit geliebt werden, ohne sich erst ändern oder bessern zu müssen. Da entsteht kein Hickhack des Vergleichens, kein Besserseinwollen.
Was, wenn wir unsere Kinder morgens beim Aufwachen mit »Danke, dass es dich gibt« begrüßten und sie mit diesen Worten auch abends in den Schlaf verabschiedeten? Was wäre wohl anders für sie, wenn sie wüssten, dass sie dankbar angenommen sind, ohne irgendetwas dafür tun zu müssen? Und was würde sich für uns ändern?

Jeden Tag so leben, als wäre es der letzte

Das Glück, sagte der Buddha, ist so unstet wie ein wedelnder Pferdeschweif. Morgen könnte der erste Tag von vierzig Jahren Tetraplegie sein ... Je mehr man sich dem Leben öffnet, desto weniger ist der Tod ein Feind. Wenn man den Tod zum Impuls der Ausrichtung auf das Leben macht, wird alles nur noch einfach so sein, wie es ist: nur dieser Augenblick, eine unvergleichliche Gelegenheit, wirklich lebendig zu sein.

STEPHEN LEVINE

Manchmal kann nur die Vorstellung, nicht mehr hier auf dieser Erde zu sein, uns für die Schönheit unseres Lebens empfänglich machen. Deshalb üben sich Buddhisten in der Kontemplation ihres Todes, denn so wird man offen für die Freude, die der gegenwärtige Augenblick zu bieten vermag. Wenn heute wirklich der letzte Tag Ihres Lebens wäre, würden Sie sich dann noch über die Unordnung im Haus oder die nicht ganz optimale Form Ihrer Beine grämen? Ganz sicher nicht. Eher würden Sie Ihre Zeit wohl nutzen, um das Lächeln Ihres Kindes, den Geruch Ihrer Silberrosen, das Gefühl der Regentropfen auf dem Kopf in sich aufzunehmen. Und wäre es der letzte Tag eines Menschen, den Sie lieben, würden Sie dann noch darüber streiten, wer dran ist, den Müll zur Tonne zu tragen, oder welche Schule für Ihr Kind die beste ist? Vermutlich werden Sie diesem Menschen dann lieber noch mitteilen, wie sehr Sie ihn lieben und wie dankbar Sie sind für alles, was er für Sie getan hat.

Natürlich könnte dies wirklich Ihr letzter Tag auf der Erde sein, denn für die Zukunft gibt es keine Garantien. So viele Menschen gehen morgens fröhlich aus dem Haus und kehren nicht zurück, weil sie einem Autounfall, einem Herzinfarkt, einem Amokschützen, einem Flugzeugabsturz oder irgendeiner anderen Katastrophe zum Opfer fallen. Niemand kann einfach davon ausgehen, dass sein Leben weitergehen wird.

Jeden Tag wie den letzten zu leben, das heißt natürlich nicht, dass wir jetzt krampfhaft alles, was das Leben an Erfahrungen bietet, an uns reißen sollen. Es soll auch nicht dazu führen, dass wir uns nicht mehr um den Müll kümmern oder unsere Rechnungen nicht mehr bezahlen oder die Wohnung nicht aufräumen. Aber es soll uns aufmerksamer machen für das Leben, wie es jetzt gerade abläuft, damit wir von unserem tagtäglichen Dasein möglichst viel mitbekommen.

Thich Nhat Hanh hat dafür eine wunderbare Übung, die er

Umarmungsmeditation nennt. Sie umarmen jemanden dreimal und atmen dabei bewusst ein und aus. Bei der ersten Umarmung denken Sie beide daran, dass Sie irgendwann einmal, niemand weiß wann, nicht mehr da sein werden. Bei der zweiten halten Sie sich vor Augen, dass dieser andere Mensch irgendwann einmal nicht mehr da sein wird. Und bei der dritten nehmen Sie ganz in sich auf, dass Sie beide jetzt hier sind, zusammen in diesem kostbaren Augenblick.
Ich mache das mit meinem Mann und meiner Tochter, wenn ich einmal länger als gewöhnlich fortmuss. Aber ich habe ein neues Ziel: es jeden Morgen zu tun, bevor ich aus dem Haus gehe.

5

Ausblick: Grundlose Dankbarkeit

Das erstaunt mich: Bevor wir zählen können, werden wir angehalten, anderen für das zu danken, was sie für uns tun. Später, aufgebrochen durch unsere Lebenserfahrung, empfinden wir mehr und mehr Dankbarkeit für das, was ist. Und wenn wir lange genug, tief genug und authentisch genug leben, wird Dankbarkeit eine Lebenshaltung.

Mark Nepo

Sie werden vielleicht inzwischen etwas von der Freude erlebt haben, die mit Dankbarkeit einhergeht, und dann wissen Sie auch, dass wir mit dem Einüben der Dankbarkeit eine Seelenreise antreten, wie sie der Lyriker und Krebs-Überlebende Mark Nepo so großartig auf den Punkt gebracht hat. Dankbarkeit beginnt mit dem Erlernen so genannter Manieren, einer eingeübten Verhaltensweise für jeden Fall, in dem wir uns bei einer zwischenmenschlichen Transaktion auf der Empfängerseite befinden: »Mrs Smith hat dir einen Keks gegeben, Janey. Wie sagst du da?« Solche Dankesworte haben ihr Gutes, erfassen aber nur den Fall, dass jemand etwas Bestimmtes für uns tut. Viele bleiben auf dieser Ebene der Dankbarkeit, aber im Grunde möchte unsere Seele uns weiter in die Tiefe führen.

Dort stoßen wir dann auf eine Dankbarkeit, die nicht mehr viel mit dem Beschenktwerden durch andere zu tun hat, mit Rosen zum Valentinstag oder einem CD-Spieler zu Weihnachten, sondern sich auf das Geschenk des Lebens selbst bezieht. Wir sehen alles, was uns begegnet, immer mehr als das, was uns auf dem Pfad der Seele voranbringt. Diese zweite Stufe der Dankbarkeit finden wir häufig durch Leiden: Irgendwann mögen wir auf die Schwierigkeiten des Lebens nicht mehr mit Verhärtung und Schärfe reagieren, sondern lassen uns weich und weit werden. Wenn wir uns von Leben »aufbrechen« lassen, wie Mark Nepo sagt, werden wir allmählich immer dankbarer für die Schwierigkeiten selbst – für den Krebs, der uns auf unsere Gefühle stieß; für den Bankrott, durch den wir endlich dem gnadenlosen Konkurrenzkampf entkamen; für einen fordernden Menschen, durch den wir unseren eigenen Standpunkt zu wahren lernten.

Wenn wir von da an noch lange genug leben, werden wir schließlich heimisch in der Dankbarkeit, wird jeder Atemzug ein Dank, unabhängig von allem, was in unserem äußeren Leben vorgehen mag. Nicht viele können diesen Stand jederzeit halten; nur die Heiligen vermögen es. Aber wir alle erleben diesen Zustand immer wieder mal für kurze Momente: wenn wir zum Himmel aufblicken und ihn als staunenswertes Kunstwerk sehen, wenn wir Beethovens Neunte hören und das Bestürzende solcher Musik spüren, wenn wir die weichen Fingerchen unserer kleinen Tochter im Gesicht fühlen und Tränen der Dankbarkeit vergießen.

Mit jeder weiteren Stufe der Dankbarkeit gewinnt unsere Seele mehr Fassungsvermögen. Anfangs ging es vor allem um Befriedigung: Wir wollten einen Keks und bekamen ihn. Auf der zweiten Stufe erfuhren wir Sinn: Es gibt einen Grund für

unser Hiersein und deshalb sind wir dankbar für alle Lektionen des Lebens. Und zuletzt leben wir einfach in reiner Freude, in der »schlichten Antwort unseres Herzens auf dieses geschenkte Leben und seine ganze Fülle«, wie David Steindl-Rast es ausdrückt.
Ich wünsche Ihnen, dass Sie alle Ebenen der Dankbarkeit erleben – mit allem, was sie der Seele schenken können. Dann nämlich können wir jeden Tag unseres Lebens Freude schenken und empfangen.

Mein Dank

Seit 1994, damals schrieb ich *A Grateful Heart*, habe ich weiter über Dankbarkeit nachgedacht und gelesen und mich immer gefragt, wie ich meine eigene Dankbarkeit noch tiefer und alltäglicher machen und andere ebenfalls dazu anregen könnte. Viele meinten, ich solle einen Folgeband zu *A Grateful Heart* schreiben, aber mir schwebte etwas anderes als eine zweite Gebetesammlung vor. So hat dieses vor Ihnen liegende Buch über vier Jahre in mir »geköchelt«, bis Brenda Knight daherkam und mir die Verarbeitung des Themas vorschlug, die Sie hier nun verwirklicht sehen. Danke, Brenda, für die Inspiration und für mehrere Geschichten.

Von vielen Menschen habe ich bei dieser Arbeit gelernt; manchen durfte ich direkt begegnen, andere kenne ich nur durch ihre Bücher. Mein erster Dank gilt Dawna Markova für ihre liebevolle Freundschaft und für tiefe Gedanken über dieses (und jedes andere) Thema, aber auch als inspirierender Verkörperung eines »Pluspunkte-Bewusstseins«. Ihre Ansichten sind so sehr meine eigenen geworden, dass kaum mehr zu sagen ist, wo ihr Denken endet und meines ansetzt. Vor kurzem hat sie einen Tag mit mir verbracht und Übungen, Geschichten und Ausblicke beigesteuert, durch die mein Buch nützlicher und weniger banal geworden ist. Sie hat wirklich etwas daraus gemacht.
Ein herzlicher Dank auch an Daphne Rose Kingma, die mir als Erste die Wirkungen der Dankbarkeit nahe brachte, mich aus ihren Büchern zitieren ließ, meinen Schreibstil durch ihre poetische Sprache mitprägte und die schönsten Dankeschönbriefe der Welt schreibt; an Molly Fumia und Will Glennon, die hier und da während der Niederschrift gemeinsam mit mir nachdachten; an Sue Patton Thoele, auf deren Freundschaft ich über die Jahre hin stets zählen konnte und die mich aus *The Woman's Book of Spirit* zitieren ließ; an meine Lektorin Claudia Schaab, die mir zum Ende hin Beine machte; und an den Lyriker Mark Nepo, der mir seine Worte

